KB063549

시인의 시작

한국시 100년,
100인의 등단작

시인의 시작

시요일 엮음

시
요
일

차
례

일러두기

• 수록 순서는 시인의 등단 역순입니다.

• 맞춤법과 띄어쓰기, 외래어 표기는 원문을 존중해 최소한으로 바로잡았습니다.

• 본문의 주는 모두 원주(原註)입니다.

초대하지 않은 편지만이 문을 두드려요

— 안희연 「고트호브에서 온 편지」

너무 작은 숫자

성다영

도로에 커다란 돌 하나가 있다 이 풍경은 낯설다 도로
에 돌무더기가 있다 이 풍경은 이해된다

그린벨트로 묶인 산속을 걷는다
끝으로 도달하며 계속해서 갈라지는 나뭇가지

모든 것에는 규칙이 있다 예외가 있다면 더 많은 표본
이 필요할 뿐이다 그렇게 말하고 공학자가 계산기를 두드
린다 없는 것이나 마찬가지이지만 그렇기에 더 중요합니
다 너무 작은 숫자에 더 작은 숫자를 더한다

사라져가는 모든 것은 비유다 *

망할 것이다

한여름 껴안고 걸어가는 연인을 본다 정말 사랑하나봐
네가 말했고 나는 그들이 불행해 보인다는 말 대신 정말
덥겠다 이제 그만 더웠으면 좋겠어 여기까지 말하면 너는
웃지

그런 예측은 쉽다
다영 씨가 웃는다
역사는 뇌사상태에 빠진 몸과 닮았다

나무 컵 받침이 컵에 달라붙고 중력이 컵 받침을 떼어
낸다

물이 끈적인다 컵의 겉면을 따라 물방울이 아래로 모
이는 동안 사람과 사물은 조금씩 낡아간다

조용한 공간에 금이 생긴다

되돌릴 수 없다

• 오스발트 슈팽글러

제주에서 혼자 살고 술은 약해요

이
원
하

유월의 제주

종달리에 핀 수국이 살이 찌면

그리고 밤이 오면 수국 한 알을 따서

착즙기에 넣고 즙을 짜서 마실 거예요

수국의 즙 같은 말투를 가지고 싶거든요

그러기 위해서 매일 수국을 감시합니다

저에게 바짝 다가오세요

혼자 살면서 저를 빼곡히 알게 되었어요

화가의 기질을 가지고 있더라고요

매일 큰 그림을 그리거든요

그래서 애인이 없나 봐요

나의 정체는 끝이 없어요

제주에 온 많은 여행자들을 볼 때면

제 뒤에 놓인 물그릇이 자꾸 쏟아져요

이게 다 등껍질이 얇고 연약해서 그래요

그들이 상처받지 않았으면 좋겠어요

앞으로 사랑 같은 거 하지 말라고

말해 주고 싶어요

제주에 부는 바람 때문에 깃털이 다 뽑혔어요,

발전에 끝이 없죠

매일 김포로 도망가는 상상을 해요

김포를 훔치는 상상을 해요

그렇다고 도망가진 않을 거예요

그렇다고 훔치진 않을 거예요

저는 제주에 사는 웃기고 이상한 사람입니다

남을 웃기기도 하고 혼자서 웃기도 많이 웃죠

제주에는 웃을 일이 참 많아요

현상 수배범이라면 살기 힘든 곳이죠

웃음소리 때문에 바로 눈에 뜨일 테니깐요

막판이 된다는 것

문
보
영

후박나무 가지의 이파리는 막판까지 매달린다. 그늘을 막다른 골목까지 끌고 갔다. 막판 직전까지. 그 직전의 직전까지. 밑천이 다 드러난 그늘을 보고서야 기어이

후박나무는 그늘을 털어놓는다. 막판의 세계에는 짬만 나면 밤이 나타나고 짬만 나면 낭떠러지가 다가와서. 막판까지 추억하다 잎사귀를 떨어뜨렸다. 추억하느라 파산한 모든 것

붙잡을 무언가가 필요해 손이 생겼다. 손아귀의 힘을 기르다가 이파리가 되었다. 가지 끝에서 종일 손아귀의 힘을 기르고 있다. 그러나 양손이 모두 익숙지 않은 것들은 양손잡이일까 무손잡이일까. 그늘을 탈탈 털어도 가벼워지지 않는

애면글면 매달려 있는. 한 잎의 막판이 떨어지면 한 잎의 막판이 자라고

아무것도 붙잡을 수 없어서 손이 손바닥을 말아 쥐었다. 손을 꽉 쥐면 막판까지 끌고 갔던 것들이 떠오른다. 막판들이 닥지닥지 매달려 있다. 막판 뒤에 막판을 숨긴다.

옆구리를 긁다

임
솔
아

빈대가 옮았다. 까마귀 몇 마리가 쥐 한 마리를 사이좋
게 찢어 먹는 걸 구경하다가. 아무 일 없는 길거리에 아무
일 없이 앉아 있다가. 성스러운 강물에 두 손을 적시다가.
모를 일이지만 풍경의 어디선가.

빈대가 옮았다. 빈대는 안 보이고 빈대는 안 들리고 빈
대는 안 병들고 빈대는 오직 물고 물어서. 없애려 할수록
물어뜯어서. 남몰래 옆구리를 긁으며 나는 빈대가 사는
커다란 빈대가 되어간다.

비탈길을 마구 굴러가는 수박처럼 나는 내 몸이 무서
워지고. 굴러가는 것도 멈출 것도 무서워지고.

공중에 가만히 멈춰 있는 새처럼 그 새가 필사적으로 날아가고 있었다는 사실처럼. 제자리인 것 같은 풍경이 실은 온 힘을 다해 부서지고 있다는 걸 알고 있는 모래들이 있다.

빈대는 나 대신 나를 물어 살고 빈대는 나를 물어 나 대신 내 몸을 발견한다. 빈대가 옳았다. 풍경을 구경하다가.

고트호브˙에서 온 편지

안
희
연

나는 핏기가 남아 있는 도마와 반대편이라는 말을 좋
아해요

오늘은 발목이 부러진 새들을 주워 꽃다발을 만들었
지요

벌겋고 물컹한 얼굴들
뻐끔거리는 이 어린 것들을 좀 보세요
은밀해지기란 얼마나 쉬운 일인지
나의 화분은 치사량의 그늘을 머금고도 잘 자랍니다

창밖엔 지겹도록 눈이 옵니다

벽난로 속에 마른 장작을 넣다 말고

새하얀 몰락에 대해 생각해요

호수, 발자국, 목소리······

지붕 없는 것들은 모조리 파묻혔는데

장미를 이해하기 위해 우리에겐 얼마나 많은 담장이

필요한 걸까요

초대하지 않은 편지만이 문을 두드려요

빈 액자를 걸어두고 기다려보는 거예요

돌아올지도 모르니까

물고기의 비늘을 긁어 담아놓은 유리병 속에

새벽이 들어 있을지도 모르니까

별들은 밤새도록 곤두박질치는 중입니다

무릎을 켜면 지금껏 들어보지 못한 음악이 흘러나오

는 것처럼

당신이 이 편지를 받을 즈음엔

샛노란 국자를 들고 죽은 새의 무덤을 휘젓고 있겠지요

• 그린란드의 수도로 '바람직한 희망'이라는 뜻.

식탁에서

안
미
옥

내게는 얼마간의 압정이 필요하다. 벽지는 항상 흘러내리고 싶어 하고

점성이 다한다는 게 어떤 것인지 보여주고 싶어 한다.

냉장고를 믿어서는 안된다. 문을 닫는 손으로. 열리는 문을 가지고 있다는 걸 잊어서는 안된다.

옆집은 멀어질 수 없어서 옆집이 되었다. 벽을 밀고 들어가는 소란. 나누어 가질 수 없다는 게

다리가 네개여서 쉽게 흔들리는 식탁 위에서. 팔꿈치를 들고 밥을 먹는 얼굴들. 툭. 툭. 바둑을 놓듯

유빙

신
철
규

입김으로 뜨거운 음식을 식힐 수도 있고
누군가의 언 손을 녹일 수도 있다

눈물 속에 한 사람을 수몰시킬 수도 있고
눈물 한 방울이 그를 얼어붙게 할 수도 있다

당신은 시계 방향으로,
나는 시계 반대 방향으로 커피잔을 젓는다
맞물린 톱니바퀴처럼 우리는 마지막까지 서로를 포기
하지 못했다
점점, 단단한 눈뭉치가 되어갔다
입김과 눈물로 만든

유리창 너머에서 한 쌍의 연인이 서로에게 눈가루를
뿌리고 눈을 뭉쳐 던진다
양팔을 펴고 눈밭을 달린다

꽃다발 같은 회오리바람이 불어오고 백사장에 눈이
내린다
하늘로 날아오르는 하얀 모래알
우리는 나선을 그리며 비상한다

공중에 펄럭이는 돛
새하얀 커튼
해변의 물거품

시계탑에 총을 쏘고
손목시계를 구두 뒤축으로 으깨버린다고 해도
우리는
최초의 입맞춤으로 돌아갈 수 없다

나는 시계 방향으로

당신은 시계 반대 방향으로

우리는 천천히 각자의 소용돌이 속으로

다른 속도로 떠내려가는 유빙처럼,

쌍둥이

성
동
혁

정물화는 형이 몰래 움직여 실패했다

우린 나란히 앉아 닮은 곳을 찾아야 했는데

의자에 앉아

의자 위에 있는 우리를

보는

의자들 의사들

세모로 자라는 지문을 사포질하고

형과 함께 배 속에 있었다 생각하니 비좁았다

엄마는 괴물 같은 새끼가 두 개나 있을지는 상상도 못
했다
구멍을 나갈 때 순서를 정하는 것 또한 그러했다

우린 충분히 달라 더 잘할 수 있을 것 같았는데
나만 주목 받는 것 같다
그는 여전히 중환자실에 누워 병신같이 나를 올려본다

나란히
함께

그것은 월식에 대한 편견이다

모르핀을 맞지 않아도

불을 켜면 자꾸 형이 보인다

계속 웃어라

임
승
유

팬티를 뒤집어 입고 출근한 날

너는 왜 자꾸 웃는 거니

공장장이 한 말이다

귤처럼 노란 웃음을 까서 뒤집으면 하얗게 들킬 것
같아

오늘은 애인이 없는 게 참 다행이고

너는 왜 자꾸 웃는 거니

공장장은 그렇게 말하지만 예쁜 팬티를 만들어줄지도
모른다 나는 팬티 같은 건 수북하게 쌓아놓고 오늘은 꽃
무늬 내일은 표범 무늬

어제는 나비를 거느리고 다녔다 결심을 유보하느라 계

속해서 뻗어나가고 있는 넝쿨식물처럼

　내가 딴 생각에 빠지면
　손목이 가느다란 것들은 믿을 수가 없어 공장장은 중
얼거린다

　나에겐 아직 애인이 없고
　공장장과 함께 밥을 먹는다

　팬티 속을 만지면 울어본 적 없는 울음 설명할 수 없
는 오후
　번지듯 피어나는 꽃잎을 물고 나비는 날아가버리고

　그걸 알아봐준다면 좋겠는데

　다른 사람들은
　웃지 않고 어떻게 마주 앉을 수 있는 걸까

애인은 어떤 식으로 생기는 걸까

.

백마라사(白馬羅紗)

이
설
야

백마처럼 하얀 양복 입고 오랜만에 아버지가 나타났
다. 사나워진 말굽이 방 안을 한바탕 휩쓸고 지나가자 백
마라사에서 사온 검정 재봉실이 거미줄처럼 계속 풀려나
왔다. 엄마가 손목에다 칭칭 감곤 하던,

발정 난 도둑고양이, 아기 울음소리가 귓속을 파고들
던 밤. 잠결에 아버지에게서 빠져나온 엄마의 거뭇한 아
랫도리를 보았다. 피 묻은 내 얼굴이 간신히 통과한 곳,
세상의 모든 울음이 처음 터지던 곳간.

가래 끓던 바람이 문지방을 밟고 오면 도둑고양이와
생쥐와 지렁이들도 함께 울어주던, 백마라사 상표를 매단

하얀 양복이 무서웠던 집. 끊어진 검정 실을 간신히 이어

가던 화평동 집.

단 하나의 백자가 있는 방

황
인
찬

조명도 없고, 울림도 없는

방이었다

이곳에 단 하나의 백자가 있다는 것을

비로소 나는 알았다

그것은 하얗고,

그것은 둥글다

빛나는 것처럼

아니 빛을 빨아들이는 것처럼 있었다

나는 단 하나의 질문을 쥐고

서 있었다

백자는 대답하지 않았다

수많은 여름이 지나갔는데

나는 그것들에 대고 백자라고 말했다

모든 것이 여전했다

조명도 없고, 울림도 없는

방에서 나는 단 하나의 여름을 발견한다

사라지면서

점층적으로 사라지게 되면서

믿을 수 없는 일은

여전히 백자로 남아 있는 그

마음

여름이 지나가면서

나는 사라졌다

빛나는 것처럼 빛을 빨아들이는 것처럼

붉은 호수에 흰 병 하나

유병록

딱, 뚜껑을 따듯

오리의 목을 자르자 붉은 고무 대야에 더 붉은 피가

고인다

목이 잘린 줄도 모르고 두 발이 물갈퀴를 젓는다

습관의 힘으로 버티는 고통

곧 바닥날 안간힘

오리는 고무 대야의 벽을 타고 돈다

피를 밀어내는 저 피의 힘으로

한때 구름보다 높이 날았다

죽은 바람의 뼈를 고향으로 운구하거나

노을을 끌고 툰드라 지대를 횡단하기도 하였다

그런 날로 돌아가자고 날개를 퍼덕일 때마다
더 세차게 뿜어져나오는 피

날고 헤엄치고 걷게 하던 힘이 쏟아진다
숨과 울음이 오가던 구멍에서 비명처럼 쏟아진다

아니, 벌써 따뜻한 호수에 도착했나
발아래가 방금 전까지 제 안에 흐르던 뜨거운 기운인
줄 모르고
두 발은 계속 물갈퀴를 젓는데
조금씩 느려지는데

오래 쓴 연필처럼 뭉뚝한 부리가 붉은 호수에 떠 있는
흰 병을 바라본다
한때는 제 몸통이었던 물체를
붉은 잉크처럼 쏟아지는 내용물을 바라본다

목 아래에는 아무것도 남지 않았는데

발 담갔던 호수들을 차례로 떠올리는 오리는

목이 마르다

흰 병은 바닥난 듯 잠잠하지만

기울이면 그래도 몇모금의 붉은 잉크가 더 쏟아질 것

이다

블로우잡 Blow Job*

김
현

올해로 꼭 아흔아홉 살을 맞은 앤디 할아버지의 특기는 블로우잡이다. 이 아랫동네에서 앤디 할아버지가 약에 찌든 자지에서도 1분 안에 정액을 빼낼 수 있다는 소문을 모르는 사람은 없다. 앤디 할아버지가 랑베르 공원에서 부르는 노래가 얼마나 아름다운지 아는 사람도 물론 없다. 스팽글 바지를 입은 앤디 할아버지가 공원의 인어들**과 하얀 손수건을 흔들며 부르는, 말똥 같은 양키 녀석들에게 흠씬 두들겨 맞고 터진 입술로 읊조리는 그 노래 말이다. 나는 밤을 선명하게 기억한다. 목선 안에 숨어

---

* 1963년 앤디 워홀이 제작한 30분짜리 영화. 상영 시간 내내 블로우잡을 받는 한 남자(Willard Maas)의 얼굴만을 보여준다—작가 주.
** 여장 남자들을 뜻하는 달랑베르 지방의 은어—옮긴이 주.

오줌싸개 뒤샹의 자지에 처음으로 붉은 립스틱 왕관을 씌우던 밤, 검은 새들이 부리를 떨어뜨리고 날아오르며 마릴린나무들의 푸른 숄을 푸드덕 털던 밤, 뒤샹과 함께 듣던 앤디 할아버지의 노래는 마미의 공단 드레스만큼 황홀했다. 목선의 창으로 내다보이는 에메랄드빛 하늘로 새벽까지 미러볼이 돌고 돌았다. 그리고 마침내 뒤샹이 오줌을 갈기고 엉덩이를 흔들며 목선 뒤에서 나오자 랑베르공원으로 다시 아침이 찾아왔다. 똥구멍에 버드와이저가 쑤셔 박힌 앤디 할아버지의 시체를 발견한 건 나였다. 나는 랑베르 공원의 퀵보이. 퀴퀴한 거미줄 냄새를 풍기던 로베르토 신부님의 자지를 1분 안에 해치우고 내가 나에게 붙인 별명이다. 원래 이름은 앤디, 앤디 워홀이다. 펀치드렁큰 먼로였던 마미의 머릿속에서 나온 생각이다. 구역질 나오게 촌스럽다. 나도 안다. 1963년. 나는 미소년 다섯 명***에게 자지를 빨리는 한 남자****의 얼굴을 찍어

••• 작가 선생님 대신에 이런 걸 적어도 되는지 모르겠지만, 나, 퀵보이의 생각에 의하면 블로우잡은 남성의 전유물이에요—화자 주.
•••• 나, 퀵보이는 마음먹었어요. 윌러드Willard 수도사님 같은 배우를 캐스팅하기로요—화자 주에 맞춰 쓴 작가 주.

영화로 만들 계획이다. 그리고 아흔아홉 살이 되는 밤, 나
는 랑베르 공원에서 죽을 것이다.

이사

김
상
혁

일상 집들이 흔들리는 것을 봅니다

모든 가족에겐 아이가 필요합니다

엄마는 재혼을 포기하셨지요

집을 바꾸고 학교를 아빠를 바꾸는 일

뭐 대수라구요

낯선 장소가 그립습니다만 언제나처럼

다락방 하나 긴 마당이 하나 그리고 공터로 이어지는
골목길이 하나

다락방에는 가족들이 꺼리는 사진과 내가 있습니다

긴 마당에서는 밤마다 나무 사이로 자전거를 타야 하
고요

공터는 들어가는 곳이 아니라 피 묻은 아이들이 뛰어

나오는 곳

이번 공터도 엄말 닮았어

나에게 짖던 강아지들은 쥐약을 먹고

놓아기른 병아리들은 식탁에 올랐습니다

곧 떠날 동네에는 작은 무덤이 남고 우리는 다른 집을
찾습니다

나무가 꺾인 자리

불모의 터에서는 왜 같은 냄새가 날까 이사 갈 때마다

내 살갗 위로 눈알이 하나씩 늘어야 합니다

가까이서 냄새를 맡는 건 천박한 짓이야

자꾸만 혀로 입술을 핥지 말래두?

버릇이 없어 나는 해변으로 자주 보내졌습니다

엄만 죽어서 인공위성이라도 될 테지요

가족들 무덤 위에 말뚝이라도 심어 두려구요

친구를 만들지 않는 일이 코 막고 연애를 하는 일이

뭐 대수랍니까 나는 안목이 재주를 초과하는걸요

낙서 같은 조감도는 묻어 두고 짐을 꾸립니다

손금이 복잡한 손은 깨지기 쉽습니다

김대리는 살구를 고른다

임
경
섭

누르면 툭— 하고 떨어지는 아침

샴푸 통 마지막 남은 몇 방울의 졸음마저 있는 힘껏
짜낸

김대리는 네모반듯하게 건물 속으로 들어가

차곡차곡 쌓인다 날마다 김대리의 자리는 한 블록씩
깊어진다

아래층 이과장은 한 박스 서류 뭉치로 처분되었다지

누군가 음료수를 뽑아 마실 때마다 덜컹 내려앉는 일
과,

버려질 것을 아는 이들도 사방으로 설계된 빌딩 속으로

차례대로 몸을 누인다

모든 가게의 비밀은 진열장에 숨어 있다

이리저리 굴러다녀야 할 것들을 가득 담아놓은 과일 바구니
모인 것들은 축축한 바닥에 한번 튕겨보지도 못하고
뿌연 먼지로 내려지는 셔터를 기다려
어둠 속으로 무른 멍자국을 감춘다
바닥에 떨어지거나 모서리에 부딪쳐 생긴 것보다
서로에게 짓이겨 생긴 멍자국에서 과일은
더 지독한 향기를 뿜는다
곪은 사람들로 붐비는 퇴근길은 진한 매연 냄새를 풍기고
김대리는 살구를 고른다
먼지 닦아가며 고르다가 떨어뜨린
살구 한 알 탱탱하게 굴러가는 것을 본다
짓무르지 않은 것들은 저렇게 꿋꿋이 굴러다니는데
쌓여 있어 한쪽으로 절뚝이는 것들아
살구를 주우러 가는 김대리의 발자국에 통증처럼
저녁이 배고 높은 허공으로 신음처럼 새가 난다
곧지도 않고 함부로 꺾이지도 않는 길을 가는 새의 등

근 비행

　그 아래서 김대리는 둥글게 몸을 말아 살구를 줍는다

모래내 그림자극

박
준

골목은 사람을 불안하게 만드는 힘이 있다 발걸음을
멈추고 바라본 골목은, 왼편 담벼락과 오른편 옹벽처
럼 닫혀 있다 막 올려다본 하늘이 골목처럼 어두워지
고 있다

어느 하루같이 환하게 번지기 시작하는 외등을 보면
사람의 몸에서 먼저 달려나오는 것이 있다 오늘도 골
목에서 너는 그림자였고 나는 신발을 꺾어 신은 배역
을 맡았다

서로 다른 시간에서 유영하던 그림자들이 한 귀퉁이
씩 엉키고 포개지는 일은 몸의 한기를 털어내려 볕 아

래로 모이는 일과 같다 집시들은 아주 오래전부터 그
림자극으로 사람들을 불러모았다

나와 처음으로 스친 그림자는 담에 널린 담요를 걷어
한쪽 다리가 없는 비둘기를 감싸안고 다닌 적이 있다
그림자는 비둘기를 날려주고 담요를 다시 널어놓았다
그 그림자는 옆으로 걷는 것이 더 편할 때가 있다

다음 그림자는 비디오테이프의 같은 장면을 스물여덟
번 돌려보고 집에서 나오는 길이다 스물여섯번째 같은
장면에서 그림자는 사정을 했고 서른번째 같은 장면에
서 그림자가 울었다 그림자는 말 더듬는 일을 즐겨할
것이다 지금 내 그림자가 길게 따라가고 있는 그림자
는 언젠가 버스 옆자리에 함께 앉고 싶은 그림자다

다시 말하지만 골목은 사람을 불안하게 만드는 힘이
있다 어두운 골목, 사실 사람의 몸에서 그림자보다 먼
저 튀어나오는 것은 노래다 울지 않으려고 우리가 부르

던 노래들은 하나같이 고음(高音)이다 노래가 다음 노
래를 부르고 그림자가 다른 그림자를 붙잡는 골목이
모래내에는 많다

추운 바람을
신으로 모신 자들의 경전

이은규

어느 날부터 그들은

바람을 신으로 여기게 되었다

바람은 형상을 거부하므로 우상이 아니다

떠도는 피의 이름, 유목

그 이름에는 바람을 찢고 날아야 하는

새의 고단한 깃털 하나가 흩날리고 있을 것 같다

유목민이 되지 못한 그는

작은 침대를 초원으로 생각했는지 모른다

건기의 초원에 바람만이 자라고 있는 것처럼

그의 생은 건기를 맞아 바람 맞는 일이

혹은 바람을 동경하는 일이, 일이 될 참이었다

피가 흐른다는 것은
불구의 기억들이 몸 안의 길을 따라 떠돈다는 것
이미 유목의 피는 멈출 수 없다는 끝을 가진다

오늘 밤도 베개를 베지 않고 잠이 든 그
유목민들은 멀리서의 말발굽 소리를 듣기 위해
잠을 잘 때도 땅에 귀를 댄 채로 잠이 든다
생각난 듯 바람의 목소리만 길게 울린다지
말발굽 소리는 길 위에 잠시 머무는 집마저
허물고 말겠다는 불편한 소식을 싣고 온다지
그러나 침대 위의 영혼에게 종종 닿는 소식이란
불편이 끝내 불구의 기억이 되었다는
몹쓸 예감의 확인일 때가 많았다

밤, 추운 바람을 신으로 모신 자들의 경전은
바람의 낮은 목소리만이 읊을 수 있다

동경하는 것을 닮아갈 때

피는 그쪽으로 흐르고 그쪽으로 떠돈다

지명(地名)을 잊는다, 한 점 바람

페루

이
제
니

　빨강 초록 보라 분홍 파랑 검정 한 줄 띄우고 다홍 청
록 주황 보라. 모두가 양을 가지고 있는 건 아니다. 양은
없을 때만 있다. 양은 어떻게 웁니까. 메에 메에. 울음소
리는 언제나 어리둥절하다. 머리를 두 줄로 가지런히 땋
을 때마다 고산지대의 좁고 긴 들판이 떠오른다. 고산증.
희박한 공기. 깨어진 거울처럼 빛나는 라마의 두 눈. 나
는 가만히 앉아서도 여행을 한다. 내 인식의 페이지는 언
제나 나의 경험을 앞지른다. 페루 페루. 라마의 울음소리.
페루라고 입술을 달싹이면 내게 있었을지도 모를 고향이
생각난다. 고향이 생각날 때마다 페루가 떠오르지 않는
다는 건 이상한 일이다. 아침마다 언니는 내 머리를 땋아
주었지. 머리카락은 땋아도 땋아도 끝이 없었지. 저주는

반복되는 실패에서 피어난다. 적어도 꽃은 아름답다. 적어도 나는 그렇게 생각한다. 간신히 생각하고 간신히 말한다. 하지만 나는 영영 스스로 머리를 땋지는 못할 거야. 당신은 페루 사람입니까. 아니오. 당신은 미국 사람입니까. 아니오. 당신은 한국 사람입니까. 아니오. 한국 사람은 아니지만 한국 사람입니다. 이상할 것도 없지만 역시 이상한 말이다. 히잉 히잉. 말이란 원래 그런 거지. 태초 이전부터 뜨거운 콧김을 내뿜으며 무의미하게 엉겨붙어버린 거지. 자신의 목을 끌어안고 미쳐버린 채로 죽는 거지. 그렇게 이미 죽은 채로 하염없이 미끄러지는 거지. 단 한번도 제대로 말해본 적이 없다는 사실이 안심된다. 우리는 서로가 누구인지 알지 못한다. 말하지 않는 방식으로 말하고 사랑하지 않는 방식으로 사랑한다. 길게 길게 심호흡을 하고 노을이 지면 불을 피우자. 고기를 굽고 죽지 않을 정도로만 술을 마시자. 그렇게 얼마간만 좀 널브러져 있자. 고향에 대해 생각하는 자의 비애는 잠시 접어두자. 페루는 고향이 없는 사람도 갈 수 있다. 스스로 머리를 땋을 수 없는 사람도 갈 수 있다. 양이 없는 사람도 갈

수 있다. 말이 없는 사람도 갈 수 있다. 비행기 없이도 갈

수 있다. 누구든 언제든 아무 의미 없이도 갈 수 있다.

티셔츠에 목을 넣을 때 생각한다

유
희
경

1

 티셔츠에 목을 넣을 때 생각한다

이 안은 비좁고 나는 당신을 모른다

식탁 위에 고지서가 몇 장 놓여 있다

어머니는 자신의 뒷모습을 설거지하고

벽 한쪽에는 내가 장식되어 있다

플라타너스 잎맥이 쪼그라드는 아침

나는 나로부터 날카롭다 서너 토막 나는

이런 것을 너덜거린다고 말할 수 있을까

2

티셔츠에 목을 넣을 때 생각한다

면도를 하다가 그제 벤 자리를 또 베였고

아무리 닦아도 몸에선 털이 자란다

타일은 오래되면 사람의 색을 닮는구나

베란다에 앉아 담배를 피우는 삼촌은

두꺼운 국어사전을 닮았다

얇은 페이지가 빠르게 넘어간다

뒷문이 지워졌다 당신, 찾아올 곳이 없다

3

티셔츠에 목을 넣을 때 생각한다

간밤 당신 꿈을 꾼 덕분에

가슴 바깥으로 비죽이 간판이 하나 걸린다

때 절은 마룻바닥에선 못이 녹슨 머리를 박는 소리

당신을 한 벌의 수저와 묻는다

내가 토닥토닥 두들기는, 춥지 않은 무덤

먼지의 뒤꿈치들, 사각거린다

기울어진 아이 1

최
정
진

세탁소가 딸린 방에 살았다 방에 들여놓은 다리미틀
에서 엄마의 품에 안겨 잠들었다 내 몸의 주름은 구김이
아니라고 말했지만 엄마는 다림질밖에 몰랐다 엄마의 품
에 안겨 다려지다 어느날 삐끗 뒤틀렸는데 세탁소 안에서
나는 구부정하게 다니는 아이라고 불렸다

다린다는 말은 주름을 지우는 게 아니라 더 굵은 주름
을 새로 긋는 문제였다 수선된 옷들이 마지막 누운 곳은
다리미틀 위였다 뜨거운 것과 닿으면 닳은 곳부터 반짝거
렸다 오래 입은 옷일수록 심했다 엄마는 밤마다 어딜 가
는지 브라더 미싱 앞에서 드르륵 어깨를 떨었지만 우는
게 아니었다 꿰맨다는 말은 상처를 없애는 게 아니라 얼

마나 잘 가리느냐의 문제였다 엄마, 엄마 가슴에 난 구멍
은 얼마나 크길래 날 실통에 걸어야 했나요 나를 돌돌 풀
어 가슴에 안아야 했나요

천장엔 옷가지가 우거졌다 바스락거리는 소리를 바닥
에 흘려두면 주머니 속의 새들이 쪼아먹었다 엄마, 주는
대로 먹지 않는 헨젤에 관한 동화를 읽고 싶어요 뼈다귀
를 내밀기 전에 끝나는 동화 말이에요 밤의 세탁소 깜깜
한 비닐의 숲을 헤치고 다가가면 엄마는 내 바지의 밑단
을 늘여 내밀었다 짧아지지 않는 바지 안에 갇혀 내 몸은
부풀고 부풀기만 그러다 세탁소 밖으로 뻥 터져버렸는데
그 후로는 얇은 바람에도 어깨를 떨어서 지금껏 너덜너덜
한 등을 가진 아이라고 불린다

세탁소가 딸린 방에서 나는 밤마다 기울어졌다 엄마,
내 몸의 기울기에 맞춰 몸을 숙이지 마라 방에도 걸음걸
이가 있는지 바짓단에 얼굴처럼 곰팡이도 한쪽 벽에만
핀다 세제의 기울기가 달라서 얼룩도 때로 빠지는 정도

가 다르다 지구에서 잠드는 우리는 제각기 다른 별의 중

력을 한 자루 가득 꿈속에 담아온다

부레옥잠

신
미
나

몸때가 오면 열 손톱마다 비린 낮달이 선명했다

물가를 찾는 것은 내 오랜 지병이라, 꿈속에서도 너를
탐하여 물 위에 공방(空房) 하나 부풀렸으니 알을 슬어
몸엣것 비우고 나면 귓불에 실바람 스쳐도 잔뿌리 솜털
뻗는 거라 가만 숨 고르면 몸물 오르는 소리 한 시절 너
의 몸에 신전을 들였으니

참 오랜만에 당신

오실 적에는 불 밝은 들창 열어두고 부러 오래 살을 씻
겠네 문밖에서 이름 불러도 바로 꽃잎 벙글지 않으매 다

가오는 걸음 소리에 귀를 적셔가매 당신 정수리 위에 뒷물하는 소리로나 참방이는 뭇별들 다 품고서야 저 달의 민낯을 보겠네

침몰하는 저녁

이
혜
미

내가 밑줄 친 황혼 사이로 네가 오는구나 귀밑머리 백발이 성성한 네가 오는구나 그 긴 머리채를 은가루 바람처럼 휘날리며 오는구나 네 팔에 안긴 너는 갓 태어난 핏덩이, 붉게 물든, 모든 저물어가는 것들의 누이가 되어 오는구나 네가 너에게 젖을 물리고 세계의 발등이 어둠으로 젖어든다 너의 모유는 계집아이의 초경혈마냥 붉고 비리고 아픈 맛, 나는 황홀하게 너의 젖꼭지를 덧그리고 있었다

내가 붉게 표시해둔 일몰이 세상으로 무너져내리던 날 배냇시절의 너를 안고 네가 나에게 오는구나 네가 발 디디던 곳마다 이름을 버린 잡풀 잡꽃 들이 집요하게도 피

어나던 거라 옅은 바람에도 불쑥 소름이 돋아 위태로운
것들의 실뿌리를 가만 더듬어보면 문득, 그 뿌리들 내 속
으로 흘러 들어와 붉게 흐르고 나 역시도 이름 버린 것들
의 누이가 되고 말 것 같은데

　　나에게 진한 붉음으로 표식을 남긴 저물녘을 건너 비
로소 네가 오는구나 세계는 자꾸 움츠러들며 둥글어지려
하고 잘린 나의 탯줄에 다시 뿌리가 내리면, 너는 저물며
빛을 키우고 빛이 저물며 어둠을 잉태하고 어둠이 다시
너를 산란한다 그 속에서 나도 세상과 함께 움츠러들며
둥글어지던 것인데, 처음으로 돌아가려던 것인데, 내 속
의 실뿌리들이 흔들리며 누이야 누이야, 내가 버리고 온
나의 이름을 목놓아 부르던 거라 물관으로 흐르는 맑은
피는 양수가 되고······ 체관으로 흐르는 진득한 피가
세계에 지천으로 꽃을 피워내는데······ 아아 네가 오
더구나, 모든 것들의 처음과 끝인 네가 오더구나

12월

강
성
은

씹던 바람을 벽에 붙여놓고

돌아서자 겨울이다

이른 눈이 내리자

취한 구름이 엉덩이를 내놓고 다녔다

잠들 때마다 아홉 가지 꿈을 꾸었다

꿈속에서 날 버린 애인들을 하나씩 요리했다

그런 날이면 변기 위에서 오래 양치질을 했다

아침마다 가위로 잘라내도

상처 없이 머리카락은 바닥까지 자라나 있었다

휴일에는 검은 안경을 쓴 남자가 검은 우산을 쓰고 지

나갔다

동네 영화관에서 잠들었다

지루한 눈물이 반성도 없이 자꾸만 태어났다

종종 지붕 위에서 길을 잃었다

텅 빈 테라스에서 달과 체스를 두었다

흑백이었다 무성영화였다

다시 눈이 내렸다

턴테이블 위에 걸어둔 무의식이 입안에 독을 품고

벽장에서 뛰쳐나온 앨범이 칼을 들고

그대로 얼어붙었다

숨죽이고 있던 어둠이 미끄러져내렸다

어디선가 본 적 있는 음악이

남극의 해처럼 게으르게 얼음을 녹이려 애썼다

달력을 떼어 죽은 숫자들을 말아 피웠다

뿌연 햇빛이 자욱하게 피어올랐지만

아무것도 녹진 않았다

고등어

이
근
화

등 푸른 생선이 줄을 맞추고 누워 한곳을 바라본다 저
구름 흘러가는 곳, 한 여자가 한 남자와 함께 살다 또는
장을 보러 가다

습관적인 손짓에 파리가 줄넘기를 하고 있다 그러니까
공육 시 이십오 분, 시장 모퉁이를 돌아 두 번째 집에서
고등어 한 마리를 산다

잘린 제 발을 들여다보는 게 눈, 없는 다리가 가려워
거품을 문다 한 여자가 한 남자와 함께 살다 또는 시장바
구니를 오른손에서 왼손으로 바꾸어 들다

동동거리는 새우의 발들이 미세하게 흔적을 지운다 증거가 없군, 한 여자가 한 남자를 만나다 또는 흐린 오후에 함께 차를 마시다

　　한 그릇의 조갯살, 제삿밥처럼 가득하다 희다 어제 나온 장사꾼이 오늘은 나오지 않는다 한 여자가 한 남자와 함께 살다 또는 시장 바닥을 빠져나오다

　　비린내 나는 저녁이 몰려온다
　　고등어를 굽는다

얼음을 주세요

박
연
준

이제 나는 남자와 자고 나서 홀로 걷는 새벽길

여린 풀잎들, 기울어지는 고개를 마주하고도 울지 않

아요

공원 바닥에 커피우유, 그 모래빛 눈물을 흩뿌리며

이게 나였으면, 이게 나였으면!

하고 장난질도 안 쳐요

더이상 날아가는 초승달 잡으려고 손을 내뻗지도

걸어가는 꿈을 쫓아 신발끈을 묶지도

오렌지주스가 시큼하다고 비명을 지르지도

않아요, 나는 무럭무럭 늙느라

케이크 위에 내 건조한 몸을 찔러넣고 싶어요

조명을 끄고

누군가 내 머리칼에 불을 붙이면 경건하게 타들어갈
지도

늙은 봄을 위해 박수를 치는 관객들이 보일지도

몰라요, 모르겠어요

추억은 칼과 같아 반짝,하며 나를 찌르겠죠

그러면 나는 흐르는 내 생리혈을 손에 묻혀

속살 구석구석에 붉은 도장을 찍으며 혼자 놀래요

앞으로 얼마나 많은 새벽길들이 내 몸에 흘러와 머물지

모르죠, 해바라기들이 모가지를 꺾는 가을도

궁금해하며 몇번은 내 안부를 묻겠죠

그러나 이제 나는 멍든 새벽길, 휘어진 계단에서

늙은 신문배달원과 마주쳐도

울지 않아요

구름의 식탁

하
재
연

25시슈퍼마켓의 왼쪽 네번째 선반,

푸른색 정어리 통조림이 천사백 원이다

먼지가 소용돌이 모양으로 앉아 있다

나는 만 원을 내고 동전 두 개를 짤랑거리며 돌아온다

뼈째 담겨 있는 일곱 개의 죽음, 혹은 일곱 끼의 식탁

부엌 창 앞의 정어리들, 뾰족한 머리를 하늘로 향하고
있다

정어리의 머리들은 전부 어디로 갔는가?

소나기와 고양이가 가끔 창문을 기웃거리다

그들의 지문을 남겨놓는다

그러나 정어리는 고양이에게 고양이는

소나기에게 소나기는 정어리에게 무관심하다

무관심한 그들의 지문을 며칠째 남겨놓는다

나의 식탁에 가끔 초대받는 것은

구름이다 그는 고요히 턱을 괴고

나와 나의 저녁에 그늘을 드리운다

구름을 걷어내기란 힘이 들어서

나는 한 옆에 그늘을 커튼처럼 늘어뜨리고 깡통을 딴다

내 부엌 창 앞의 정어리 깡통은 언제나 일곱 개다

일곱 가지의 죽음, 혹은 일곱 개의 행운

신세대오락실의 텀블링 세 대를 지나

현대부동산 앞의 평상을 지나면

25시슈퍼마켓,

나는 자정 이후 그곳에 가본 적이 없다

다만 아침까지 주인에게 잊혀진 환한 간판을 상상할 뿐

그리고 25시슈퍼마켓의 왼쪽 네번째 선반에는

푸르게 절여진 죽음과 움직이지 않는 소용돌이가

쌓여 있다 하나에 천사백 원이다

가문비냉장고

김중일

내 생의 뒷산 가문비나무 아래, 누가 버리고 간 냉장
고 한 대가 있다 그날부터 가문비나무는 독오른 한 마리
산짐승처럼 가르릉거린다 더듬이 같은 푸른 털은 공중을
잡아당긴다 부유하던 얼굴은 보드랍게 빛나고, 생생불식
꿈틀거린다 가문비나무는 냉장고를 방치하고, 얽매이고,
도망가고, 붙들린다 기억의 먼 곳에서, 썩지 않는 바람이
반짝이며 달려와 냉장고 문고리를 잡고, 비껴간다 사랑했
던 한 남자가, 한 여자를 데리고 찾아와서 벼린 칼을 놓고
돌아갔다 매일 오는 무지렁이 중년남자는 하루에 한뼘씩
늙어갔다 상처는, 오랜 가뭄 같았다 영영 밝은 나무, 혈관
으로 흐르는 고통은 몇 볼트인가 냉장고가 가문비나무
배꼽 아래로 꾸욱 플러그를 꽂아넣고, 가문비나무는 빙

점 아래서 부동액 같은 혈액을 끌어올린다

　가까운 곳에, 묘지가 있다고 했다 가문비나무가 냉장
고 문 열고 타박타박 걸어들어가 문 닫으면 한 생 부풀어
오르는 무덤, 푸른 봉분 하나가 있다는

마른 피

신영배

봄 햇볕이 피처럼 마른다

하늘 위에 둥근 핏덩이가 떠서 하루 종일 마른다

바람이 눈을 할퀴어놓고 지나간다 붉은

눈물이 눈 속에서 마른다 황사가 목구멍을

파고 들어온다 모래가 내 몸 안쪽으로 길을

내고 있다 마른 강바닥에서 퍼덕거리는

어류처럼 모래알들이 튀어 오른다

길은 말라 있고, 내 몸속이 사막이다

일사병에 걸린 여자가 쓰러진다 내 몸속에서

방금 초경을 시작한 소녀가 뜨거운 모래

위에 쓰러진다 허연 나체의 여자들이

현기증처럼 내 몸속에서 피어났다가

순식간에 마른다

여자의 손톱 끝에 마른 피가 조금 남아 있다

그녀는 간신히 한 남자의 기억을 손끝에

움켜쥐고 있다 자라난 손톱을 시간이

다가와 바짝 잘라낸다 마른 피가 툭툭

여자의 허벅지 위로 떨어진다 밤새

여자의 손이 흰 치마에 묻은 마른 피를

찬물에 지우고 있다

사랑했던 남자의 잘린 손목을 지우기 위해

얼마나 많은 물을 퍼 올려야 할까

물을 퍼 올릴수록 몸속에는 더 깊은

사막이 내려앉는다 얕은 물길을 따라

사막의 짐승들이 내 몸 밖으로 메마른

울음소리를 낸다 볼 위로 흐르는 눈물

속에 구부정한 사막의 짐승이 말라 있다

봄, 여자의 웃음이 마른 핏빛이다

거미

박성우

거미가 허공을 짚고 내려온다

걸으면 걷는 대로 길이 된다

허나 헛발질 다음에야 길을 열어주는

공중의 길, 아슬아슬하게 늘려간다

한 사내가 가느다란 줄을 타고 내려간 뒤

그 사내는 다른 사람에 의해 끌려 올라와야 했다

목격자에 의하면 사내는

거미줄에 걸린 끼니처럼 옥탑 밑에 떠 있었다

곤충의 마지막 날갯짓이 그물에 걸려 멈춰 있듯

사내의 맨 나중 생이 공중에 늘어져 있었다

그 사내의 눈은 양조장 사택을 겨누고 있었는데

금방이라도 당겨질 기세였다

유서의 첫 문장을 차지했던 주인공은

사흘 만에 유령거미같이 모습을 드러냈다

양조장 뜰에 남편을 묻겠다던 그 사내의 아내는

일주일이 넘어서야 장례를 치렀고

어디론가 떠났다 하는데 소문만 무성했다

누가 먼저랄 것도 없이 아이들은

그 사내의 집을 거미집이라 불렀다

거미는 스스로 제 목에 줄을 감지 않는다

성내동 옷수선집 유리문 안쪽

신용목

잉어의 등뼈처럼 휘어진

골목에선 햇살도 휜다 세월도 곱추가 되어

멀리 가기 어려웠기에

함석 담장 사이 낮은 유리

문을 단 바느질집이 앉아 있다

지구의 기울기가 햇살을 감고 떨어지는 저녁

간혹 아가씨들이 먼발치로

바라볼 때도 있었으나

유리 뒤의 어둠에 비춰 하얀

얼굴을 인화했을 뿐 모두가

종잇장이 되어 오르는 골목에서는

누구도 유리문 안을 궁금해하지 않았다

어쩌다 새로 산 바짓단에

다리를 세우기 위해 오래된

동화책 표지 같은 문고리를 당기면

늙은 아내는 없고

실밥을 뱉어내는 사내가 양서류의 눈으로

잠시 마중할 뿐 엄지와 검지로

길이를 말하면 못 들은 척

아가미를 벌렁거릴 뿐 이내

사람의 바늘코에 입질을 단련시키기 위해

드르르르 말줄임표 같은 박음질을 한다

재봉틀 위에 놓인 두 개의 지느러미

에서 꼿꼿하게 가늘어진 바늘

갈퀴를 확인하며

나오는 아무도 의심하지 않는

유리문 안엔 물결이 있다

부력을 가진 실밥이 떠다니고

실밥을 먹고사는 잉어가 숨어 있다

누구든 그 안에 들어서기 위해서는

삶의 각질을 벗어 들고

물고기처럼 휘어져야 한다 때로 바람에

신문지가 날아와 두드린다

해도 그 문은 열리지 않는다 자주 세월을 들이면

잉어의 비늘이 마를 것이므로

틀니를 꽉 다물고 버티는 유리가 있다

젖은 바지를 찾아오는 날에는

부레에 잠겨 있던 강물 소리가 들리기도 했다

휘어진 골목 옆에 바느질집이 있다

성내동 사람들은 모두

종이처럼 얇아져 있었으므로

아무도 유리문 안을 들여다보지 않았지만

어항 속에 형광등이 휘어지듯이

그 앞을 지날 때마다

휘어지는 걸음을 어쩌지 못한다

커다란 창고가 있는 집

1

여자가 이사오던 날 밤

어둠은 검은 글라디올러스처럼 피어났다

여자는 방에서 나와

마당 끝에 있는 창고로 걸어 들어갔다

둔중하게 철문 닫히는 소리가 들렸다

사람들은 여자가 없을 때

몰려와 창고 문을 두드려보았다

이웃집 K가 말했다

—그녀는 귀중한 걸 넣었습니다

　　그러나 무엇인지 보지 못했습니다

너무 어두웠기 때문에

사람들은 수군거렸고

용감한 X와 Y가 열쇠를 훔쳐왔다

여자의 열쇠가 말했다

—무언가 대단한 걸 넣어두었습니다

　그러나 알 수 없습니다

　문밖 구멍에 달려 있었기 때문에

2

모두의 이마 위에

번쩍이던 철문 위에

시간의 부드러운 염산 방울이

똑, 똑, 떨어져내렸다

붉게 썩어가는 창고 앞에서

다시 회의가 소집되었다

—무엇이 들었습니까

여자가 대답했다

—무언가 귀중한 걸 넣어두었습니다

　　그러나 알 수 없습니다

　　그땐 너무 젊었기 때문에

사람들은 궁금했고 그녀도 그랬다

모두들 문을 열어보기로 했고

넣어둔 것을 기증하기로 했다

어둠 속에서 여자가 떨리는 손으로 열쇠를 돌렸다

창고 속으로 별빛이 쏟아지며

텅 빈 안이 환하게 드러났다

여자와 사람들은 밤하늘을 향해 외쳤다

—우리는 보지 못했습니다

　　그러나 굉장한 것이 들었다고 생각했습니다

　　잠가두었기 때문에

뿔

김
행
숙

우산을 모자처럼 쓰셨네

어디를 향해 서 계신가, 알 수 없네

따라서 내 시선은 자유롭네

찬찬히 훑어나가다

걸레처럼 훔쳐보지만

시선의 애무로는 벗길 수 없네

큰 모자, 저 엉뚱하게 큰 머리

실실실 비는 내려

우산을 모자처럼 쓰셨네

내 시선은 비처럼 주저앉네

앉은걸음으로 바짓부리 맴을 도네

나이테를 그리고 있어

늙어가는 남자

부동의 남자

우산을 모자처럼 쓰셨네

큰 모자 아래서

작은 계집애 조잘대지

재밌네, 저 엉뚱하게 큰 머리

빙빙 도네

어지러워 나는 아무것도 보지 못했네

머리 위에 그 남자의 뿔

말은 안 했지만

그는 화가 머리끝까지 나 있었던 것이네

검은 나나의 꿈

김
민
정

나는 유체 이탈하여 천장에 붙어 있다 이럴 때마다

내 몸에서 얇은 막 하나 하나가 양파 표피세포처럼

핀셋으로 집혀 나가고 건조한 살비듬만이 남아

내 발가락을 지탱한다 가렵다 가려워 긁을수록

노래하고 싶어진다 목이 마르다

주위에 아무도 없나 새벽 세 시지만 가끔

미친 척하고 달려주는 열차가 있다

1.

남자가 손에 쥔 것은 손잡이가 아니었다

배의 속 씨방처럼 까만 두 눈알을 감춘 제

성기(性器)였다 숨 가쁜 속력으로 열차가 휘청거릴 때마다

갈고리를 닮은 손잡이들,

공중제비하듯 허공마저 걷어 올리지만

푹 젖은 바지 앞섶, 불룩하게 벌어진 지퍼 사이로

덜렁덜렁, 어디에도 걸려들지 못한 남자는

손에 쥔 제 것을 함뿍 움켜쥘 뿐이었다

2.

활어(活魚)의 막 절개한 아가미 같은 눈으로

여자는 울었다 느낌표를 따라 담 밑에 숨었다가

야구공에 얻어맞고도 히죽거리던 때가 있었어

물음표가 와도 따라갈래? 아냐아니으응······ 응!

김 서린 열차의 창문을 노트 삼아

볼이 굵은 우윳빛 심지를 가진

두 개의 젖꼭지로 여자가 글씨를 새긴다

음부 속의 음핵이 드디어 눈을 떴다······

3.

텅 빈 열차 안

인원 초과로 삐 소리를 내는 엘리베이터처럼

경보음 울리고 문이 열려도

아무도 올라타지 못한다 이미

너무 많은 사람들이

우리 곁에 있었다

해바라기

김
언

1.

오후 내내

그는 햇볕을 쬐고 있었다

그는 단지 햇볕 한 가닥을 잡아당기고

있을 뿐이라고 말했다

오후 내내 그는 집요하게

사방으로 살을 뻗치는 태양과

맞대결을 하고 있었다

그는 맞대결이 아니라

노력일 뿐이라고 해명했지만

도무지 태양이 끌려오는 것 같지는 않았다

차츰 그의 눈두덩이 부어올랐다

미친 사람이군

사람들이 수군거리며 그를 지나갔다

2.

뜻대로 되지 않는 겨울이었어

녀석은 이월의

그 구질구질한 비를 밟고 떠나갔다

곧 싱거운 봄이 녀석의 빈자리를 메꾸었지만

기억한다 그때

떠오르는 모든 것이 불량스럽다던

녀석의 마른 하늘엔 계절에 반항하여

자주 멍든 태양이 걸려 있었고

그때마다 구름은 갈비뼈처럼 부러졌다

3.

마침내 창밖이 내려앉고 있었다

빌딩들이 앗아가버린 저녁을 지나

너무 멀리 떨어지던 별들을 지나

마지막으로 문밖을 서성이던

새벽을 지나

새들은 조울증의 날갯짓을 해대었다

그땐 비겁하게 흐린 날씨였어

죽더라도 내 눈이 부어올랐어야 옳았어

나는 병든 우산을 하늘에다 꽂았다

4.

언제 쓰러질지 모르는 오후였다

그는 이번엔

태양을 연(鳶)날리고 있다고 말했다

때가 되면 그만 놓아줄 것이라는

말도 잊지 않았다 정말

태양이 끌려 왔을까?

벌겋게 달아오른 그의 표정이 태양을 닮았다는 점

말고는 그 무엇도 증명되지 않았다

누군가 안경을 벗고 두 눈을 부벼댔다

오후 내내 해가 지고 있었다

빙폭 1

이
영
광

서 있는 물

물 아닌 물

매달려

거꾸로 벌받는 물,

무슨 죄를 지으면

저렇게 투명한 알몸으로 서는가

출렁이던 푸른 살이

침묵의 흰 뼈가 되었으므로

폭포는 세상에 나가지 않는다

흘려 보낸 물살들이 멀리 함부로 썩어

아무것도 기르지 못하는 걸 폭포는 안다

Vaginal Flower

진
수
미

여름 학기
여성학 종강한 뒤,

화장실 바닥에
거울 놓고
양다리 활짝 열었다.

선분홍
꽃잎 한 점 보았다.

이럴 수가!
오, 모르게 꽃이었다니

아랫배 깊숙이

구근 한 덩이

이렇게 숨겨져 있었구나

하얀 크리넥스

입입으로 피워낸 꽃잎처럼

철따라

점점(點點)이 피꽃 게우며,

울컥 불컥

목젖 헹구며,

나

물오른

한 줄기 꽃대였다네.

대관령 옛길

김선우

폭설주의보 내린 정초에

대관령 옛길을 오른다

기억의 단층들이 피워올리는

각양각색의 얼음꽃

소나무 가지에서 꽃숭어리 뭉텅 베어

입 속에 털어넣는다, 화주(火酒) ―

싸아하게 김이 오르고

허파꽈리 익어가는지 숨 멎는다 천천히

뜨거워지는 목구멍 위장 쓸개

십이지장에 고여 있던 눈물이 울컹 올라온다

지독히 뜨거워진다는 건

빙점에 도달하고 있다는 것

붉게 언 산수유 열매 하나

발등에 툭, 떨어진다

때로 환장할 무언가 그리워져

정말 사랑했는지 의심스러워질 적이면

빙화의 대관령 옛길, 아무도

오르려 하지 않는 나의 길을 걷는다

겨울 자작나무 뜨거운 줄기에

맨 처음인 것처럼 가만 입술을 대고

속삭인다, 너도 갈 거니?

좋은 사람들

이 병 률

우리가 살아가는 땅은 비좁다 해서 이루어지는 일이 적다 하지만 햇빛은 좁은 골목에서 가루가 될 줄 안다 궂은 날이 걷히면 은종이 위에다 빨래를 펴 널고 햇빛이 들이비치는 마당에 나가 반듯하게 누워도 좋으리라 담장 밖으론 밤낮없는 시선들이 오는지 가는지 모르게 바쁘고 개미들의 행렬을 따라 내 몇 평의 땅에 골짜기가 생기도록 뒤척인다 남의 이사에 관심을 가진 건 폐허를 돌보는 일처럼 고마운 희망일까 사람의 집에 사람의 그림자가 드리워지는 일이 목메게 아름답다 적과 내가 한데 엉기어 층계가 되고 창문을 마주 낼 수 없듯이 좋은 사람을 만나 한 시절을 바라보는 일이란 따뜻한 숲에 갇혀 황홀하게 눈발을 지켜보는 일 (지금은 적잖이 열망을 식히면서

1
0
4

살 줄도 알지만 예전의 나는 사람들 안에 갇혀 지내기를 희망했다) 먼 훗날, 기억한다 우리가 머문 곳은 사물이 박혀 지낸 자리가 아니라 한때 그들과 마주 잡았던 손자국 같은 것이라고 내가 묻이고 싶었던 때와 마찬가지로 노을이 향기로운 기척을 데려오고 있다 날마다 세상 위로 땅이 내려앉듯 녹말기 짙은 바람이 불 것이다

길을 향하여

조
연
호

비가 온다. 비는 길 위의 사람들을 허물며 처마 끝으로 몰려간다. 아무렇게나 구름은 둔덕을 두드리며 걸어가고 나를 닮은 가지 하나가 빗발을 꺾으며 물길에 떠내려간다. 천둥이 얽힐 때마다 물먹은 지붕은 자꾸 무거워졌다. 들풀들은 몸을 엎디어 바람의 길을 가르쳐 주고 나는 농아모녀가 손가락으로 둥글게 말을 엮는 것을 보았다. 구름 뒤편에 머무는 맑은 소리들이 먹으로 번진 하늘로 옮겨온다. 여러 개의 물길만큼이나 어지럽게 사람들의 걸음은 흙탕물을 섞으며 걸어간다.

풍경

심
보
선

1

비가 갠 거리, ××공업사의 간판 귀퉁이로 빗방울들
이 모였다가 떨어져 고이고 있다. 오후의 정적은 작업복
주머니 모양 깊고 허름하다. 이윽고 고인 물은 세상의 끝
자락들을 용케 잡아당겨서 담가놓는다. 그러다가 지나는
양복신사의 가죽구두 위로 옮겨간다. 머신유만 남기고
재빠르게 빌붙는다. 아이들은 땅바닥에 엉긴 기름을 보
고 무지개라며 손가락으로 휘젓는다. 일주일이 지나도 지
워지지 않는 지독한 무지개다······ 것도 일종의 특허
인지 모른다.

2

길 건너 약국에서 습진과 무좀이 통성명을 한다. 그들

1
0
7

은 다 쓴 연고를 쥐어짜내듯이 겨우 팔을 뻗어 악수를 만든다. 전 얼마 전 요 앞으로 이사 왔습죠. 예, 전 이 동네 20년 토박이입죠. 약국 밖으로 둘은 동시에 털처럼 삐져나온다. 이렇게 가까운 데 사는구만요. 가끔 엉켜보자구요, 흐흐흐. 인사를 받으면 반드시 웃음을 거슬러 주는 것이 이웃 간의 정리이다. 밤이 오면, 거리는 번지르르하게 윤나는 절지동물의 다리가 된다. 처방전만 하게 불 켜지는 창문들.

3

마주 보고 있는 불빛들은 어떤 악의도 서로 품지 않는다. 오히려 여인네들은 간혹 전화로 자기네들의 천진한 권태기를 확인한다. 가장들은 여태 귀가하지 않았다. 초점 없는 눈동자마냥 그녀들은 불안하다. 기다림의 부피란 언제나 일정하다. 이쪽이 체념으로 눌리면 저쪽에선 그만큼 꿈으로 부푼다. 거리는 한쪽 발을 들어 자정으로 무겁게 옮아간다. 가장들이 서류철처럼 접혀 귀가하고 있다.

우리는 이제 충분히

이
수
명

　우리는 이제 충분히 아름다워졌소. 층층마다 빛나는 램프를 걸어놓은 빌딩들처럼, 우리는 더이상 앞으로 나아갈 필요가 없소. 장물은 늘 넘칠 만큼 있소. 발뒤꿈치를 모으고 아무도 알아듣지 못하는 주문을 한번 외우고 나서 우리가 납치한 것을 믿으면 되는 일이라오. 우리의 견인넘버는 자꾸만 길어지겠지만 그동안 그랬던 것처럼 견딜 수 없는 불편이란 없소. 그뿐이오.

　우리는 이제 너무 아름다워져 다른 것을 알아볼 수 없소. 한치 앞도 여기에 덧붙일 수 없소. 층층이 올라가는 빌딩들처럼 우리는 우리 발에 걸려도 넘어지지 않소.

처서(處暑)

문
태
준

얻어온 개가 울타리 아래 땅그늘을 파댔다

짐승이 집에 맞지 않는다 싶어 낮에 다른 집에 주었다

볕에 널어두었던 고추를 걷고 양철로 덮었는데

밤이 되니 이슬이 졌다 방충망으로는 여치와 풀벌레가

딱 붙어서 문설주처럼 꿈적대지 않는다

가을이 오는가, 삽짝까지 심어둔 옥수숫대엔 그림자가

깊다

갈색으로 말라가는 옥수수 수염을 타고 들어간 바람이

이빨을 꼭 깨물고 빠져나온다

가을이 오는가, 감나무는 감을 달고 이파리 까칠하다

나무에게도 제 몸 빚어 자식을 낳는 일 그런 성싶다

지게가 집 쪽으로 받쳐 있으면 집을 떠메고 간다기에

달 점점 차가워지는 밤 지게를 산 쪽으로 받친다

이름은 모르나 귀익은 산새소리 알은체 별처럼 시끄
럽다

우리는 찬양한다

김
소
연

세 장의 달력을 한꺼번에 뒤로 젖혔다 정확히 석 달,

그 동안 우리는 매일 밤 전화를 했다 밤새

낡은 말을 하고 그 말을 믿었다

믿으려고 애썼다 한 줄의 글 쓰지 않았다

편지 보내지 않으니 오는 편지 없었다

단 하루의 일기(日記)도 없이 백 일을 보냈다 우리는

서로에게 주인을 강요했다 노예로

삼아달라고 밤새 서로를 설득했다 그렇게

백 일을 보냈으나, 백 원짜리 폭죽처럼

입술은 건드리는 족족

펑펑 터졌으나, 속 쓰리고 머리 아픈 아침만이 남은

몫이었으나

한 번의 후회도 언급한 적 없었다 불안함

없었다 비 없었고 빛도 없었다

그저 지루한 인생의 백 일을 도려냈다는

큰 몫을 우리는 찬양했다

혈거시대(穴居時代)

이
정
록

1

어쩌다 집이 허물어지면

눈이 부신 듯 벌레들은

꿈틀 돌아눕는다

똥오줌은 어디에다 버릴까

집 안 가득 꼴이 아닐 텐데

입구 쪽으로 꼭꼭 다져넣으며

알맞게 방을 넓혀간다

고추에는 고추벌레가

복숭아 여린 살 속에는 복숭아벌레가

처음부터 자기 집이었으므로

1
1
4

대물림의 필연을 증명이라도 하듯

잘 어울리는 옷으로 갈아입으며

집 한 채씩 갖고 산다

벌레들의 방은 참 아늑하다

2

PVC 파이프 대리점 옥상엔

수많은 관들이 층층을 이루고 있다

아직은 자유로운 입으로 휘파람 불고

둥우리를 튼 새들 관악기를 분다

아귀에 걸린 지푸라기나 보온덮개 쪼가리가

빌딩 너머 먼 들녘을 향해 흔들린다

때론 도둑고양이가 올라와

피 묻은 깃털만 남기고 가는

문명과 원시의 옥상으로

통이 큰 주인아줌마가 사다리를 타고 오른다

또 몇 개의 관이 땅 속이나 콘크리트 사이에서

우리들의 쓰레기나 소음으로 배를 채울 것이다

그리하여 관을 타고 온 것에는

새끼 잃은 어미새 소리가 있고

회오리치는 바람 소리가 있고

도둑고양이 이빨 가는 소리가 뛰쳐나온다

피 묻은 둥우리, 숨통을 막는

보온덮개의 질긴 터럭이

우리들 가슴에 탯줄을 늘이고,

PVC 파이프 그 어두운 총신들이

퀭한 눈으로 꼬나보고 있다

3

우리들의 가슴속에도

제 집인 양 덩치를 키워온

수많은 벌레들 으쓱거린다

햇살 반대편으로 웅큼 돌아눕는

그들과 우리는 낯설지 않다

코를 풀고 눈곱을 떼내며 아침마다

우리는 벌레의 집을 청소한다

그들의 방으로 채널을 돌리고 보약을 넣고

벌레들의 집은 참 아늑하다

시간과 비닐 봉지

이
원

검은, 비닐 봉지 하나, 길바닥을 굴러다닌다 계속해서
시간은, 길보다 먼저 다리를 뻗는다, 검은 비닐 봉지,
이번에는 계단이 있는 곳까지, 굴러가더니 멈춘다 잠
시 따갑게, 부스럭거린다 시간은 다리를, 양옆으로 길
을 벌리며 간다, 가다 간판, 밑에서 멈춘다 무방비 상태
로 옷의 앞을 모두, 풀어놓은 채 시간은 계속되고, 있
다며 비닐 봉지, 검은 쓰레기가 있는 곳으로 굴러 들어
간다, 한참 나오질 않더니 검은, 그림자를 흔들며 헤집
으며, 나무 밑에 멈춰 있다, 그곳에서 시간과, 비닐 봉
지가 같은 색으로 만난다, 나무에 등을, 기댄 시간의
한쪽 다리가 무릎에서, 잘려 있다 뒤를 보니 나무의,
중간쯤에 다리를 접어 올리고, 있다 비닐 봉지는 여전

히, 나무 밑에 머물러 있고 몸을 앞으로, 숙인 시간은

무엇인가를 뒤로, 껴안고 있다

권진규의 장례식

허
연

비가 내렸습니다

 권진규 씨는 허름한 옹이 박힌 관 속에 누워 있었습니
다. 언제까지나 시들지 않을 것 같은 꽃은 모짜르트가 들
고 왔습니다. 잉크가 번져 얼룩진 리본엔 〈내 정신이 너
의 가슴에〉라고 적혀 있었습니다. 여섯 명의 조객 중엔 천
재도 범인도 바보도 있었습니다. 하관이 끝나고 빗줄기가
굵어지자 붉은 황톳물이 그들의 발을 적셨고 갑자기 모
짜르트가 소리를 지르며 뛰어가고 있었습니다

가구(家具)의 힘

박형준

얼마 전에 졸부가 된 사람이 있다

그 사람은 나의 외삼촌이다

나는 그 집에 여러 번 초대받았지만

그때마다 이유를 만들어 한번도 가지 않았다

어머니는 방마다 사각 브라운관 TV들이 한 대씩 놓여

있는 것이

여간 부러운 게 아닌지 다녀오신 얘기를 하며

시장에서 사온 고구마순을 뚝뚝 끊어 벗겨내실 때마다

무능한 나의 살갗도 아팠지만

나는 그 집이 뭐 여관인가

빈방에도 TV가 있게 하고 한마디 해주었다

책장에 세계문학전집이나 한국문학대계라든가

    니체와 왕비열전이 함께 금박에 눌려 숨도 쉬지 못할
그 집을 생각하며,
    나는 비좁은 집의 방문을 닫으며 돌아섰다

    가구(家具)란 그런 것이 아니지
    서랍을 열 때마다 몹쓸 기억이건 좋았던 시절들이
    하얀 벌레가 기어나오는 오래 된 책처럼 펼칠 때마다
    항상 떠올라야 하거든
    나는 여러 번 이사를 갔었지만
    그때마다 장롱에 생채기가 새로 하나씩은 앉아 있는
것을 보았다
    그 집의 기억을 그 생채기가 끌고 왔던 것이다
    새로 산 가구(家具)는
    사랑하는 사람의 눈빛이 달라졌다는 것만 봐도
    금방 초라해지는 여자처럼 사람의 손길에 민감하게 반
응하지만,
    먼지 가득 뒤집어쓴 다리 부러진 가구(家具)가
    고물이 된 금성 라디오를 잘못 틀었다가

우연히 맑은 소리를 만났을 때만큼이나

상심한 가슴을 덥힐 때가 있는 법(法)이다

가구(家具)란 추억의 힘이기 때문이다

세월에 닦여 그 집에 길들기 때문이다

전통이란 것도 그런 맥락에서 이해할 것—

하고 졸부의 집에서 출발한 생각이 여기에서 막혔을 때

어머니의 밥 먹고 자야지 하는 음성이 좀 누그러져 들

려왔다

너무 조용해서 상심한 나머지 내가 잠든 걸로 오해하

셨나

나는 갑자기 억지로라도 생각을 막바지로 몰고 싶어

져서

어머니의 오해를 따뜻한 이해로 받아들이며

깨우러 올 때까지 서글픈 가구론(家具論)을 펼쳤다.

빵공장으로 통하는 철도

기차가 지나갔다

그들은 피묻은 내 반바지를 갈아입혔다

기차가 지나갔다

그들은 나를 다락으로 옮겨 놓았고

기차가 지나갔다

첫번째 기차가 아버지의 머리를 깨고 지나갔다

두번째 기차가 어머니의 배를 가르고 지나갔다

세번째 기차가 내 눈동자 속에서 덜컹거렸고

할머니의 피묻은 손가락들이 내 반바지 위에

둑둑 떨어지고 있었다

기차가 지나갔다

나는 뒤집힌 벌레처럼 발버둥쳤다

기차가 지나갔다

달리는 기차에 앉아

흰 구름 한 점 웃고 있었다

기차가 지나갔다

뿌리에게

깊은 곳에서 네가 나의 뿌리였을 때

나는 막 갈구어진 연한 흙이어서

너를 잘 기억할 수 있다

네 숨결 처음 대이던 그 자리에 더운 김이 오르고

밝은 피 뽑아 네게 흘려보내며 즐거움에 떨던

아 나의 사랑을

먼우물* 앞에서도 목마르던 나의 뿌리여

나를 뚫고 오르렴,

눈부셔 잘 부스러지는 살이니

내 밝은 피에 즐겁게 발 적시며 뻗어가려무나

척추를 휘어접고 더 넓게 뻗으면

그때마다 나는 착한 그릇이 되어 너를 감싸고,

불꽃 같은 바람이 가슴을 두드려 세워도

네 뻗어가는 끝을 하냥 축복하는 나는

어리석고도 은밀한 기쁨을 가졌어라

네가 타고 내려올수록

단단해지는 나의 살을 보아라

이제 거무스레 늙었으니

슬픔만 한두름 꿰어 있는 껍데기의

마지막 잔을 마셔다오

깊은 곳에서 네가 나의 뿌리였을 때

내 가슴에 끓어오르던 벌레들,

그러나 지금은 하나의 빈 그릇,

너의 푸른 줄기 솟아 햇살에 반짝이면

나는 어느 산비탈 연한 흙으로 일구어지고 있을 테니

• 먹을 수 있는 우물물.

성선설

함
민
복

손가락이 열개인 것은

어머니 뱃속에서 몇 달 은혜입나 기억하려는

태아의 노력 때문인지도 모릅니다

땅은 주검을
호락호락 받아주지 않는다

조
은

흙 속 뿌리가 삽을 물고 놓아주질 않는다.

흙 속 돌들이 삽을 물고 놓아주질 않는다.

그의 주검 곁 방향을 잃은 개미들 등으로

잡풀 그림자가 희끗희끗 옮겨다니고

우리를 받아 뼈를 앉힐 땅도

주검을 호락호락 받아주지 않는다, 않는다, 않는다.

만물은 저마다 제 눈을 뜨고

하늘이 겨운 그림자를 낮은 곳에 널어 말린다.

울음이 삶에 쉬 섞이지 않는 이 순간

까치와 쓰르라미 개밥풀 둥근 나무의 많은 나뭇가지

개구리 파리 벌 모두 어우러져 바람을 일구고

부러진 나뭇가지 마른 잎에도 쉬고 있는 생물이 보인다.

바람이 빗기는 산. 그는 누워 있고

내일도 정직할 모습은 주검뿐인가.

산을 올라오는 것들이 모래로 날린다.

구석에 이렇듯 묻혀야 할 우리의 몸뚱이와

주검이 이토록 밋밋해서

이다지도 우리는 살아 있는 것인가. 알 수 없는 우리는

가면서 어디로 휘청거리는 것인가.

흙 속 뿌리는 삽을 물고 놓아주질 않고

허공에 빠진 내 손은 무겁고 공허하고

다시 보는 하늘도 강도 허공에 머리를 두고 신음하는

구나.

세상은 우리의 그 무엇도 섣불리 받아주지 않고

아카시아가 긁은 내 팔에 지금 고이는 것

살아 있는 것에는 눈물만 질벅하고

무림(武歷) 18년에서 20년 사이
무림일기1

유
하

경천동지할 무공으로 중원을 휩쓸고 우뚝 무림왕국을
세웠던

무림패왕 천마대제 만박이 주지육림에 빠져 온갖 영화
를 누리다

무림의 안위를 위해 창설했던 정보기관 동창서열 제
이위

낙성천마 금규에게 불의의 일장을 맞고 척살되자

무림계는 난세천하를 휘어잡으려는 군웅들이 어지러
이 할거하기 시작했다

차도살인지계*를 누구보다도 잘 이용했던 천마대제
만박

천상옥음 냉약봉, 중원제일미 녹부용이 그의 진기를

분산시킨 것도 원인이 되겠지만,

수하친병의 벽력장에 철골지체 천마대제가 어이없이 살상당한 건

곁에 있는 사람도 자객으로 변한다, 삼라만상을 경계하라는

무림계의 생리를 너무도 잘 설명해주는 대목이었다

천마대제가 죽자 무림존폐의 위기를 느낀 동창서열 제오위 광두일귀 동문흑은

낙성천마를 기습, 금나수법으로 제압한 뒤 고수들을 규합하였다

그리하여 무력 18년 겨울, 고금성 주위엔 무림의 앞날을 걱정하는

천수신마, 건곤일검, 남해일노등 내공이 노화순청의 경지에 이른

초고수들이 암암리에 몰려들었다 그들은

벽안의 무사들에게 빌린 천마벽력탄과 육혈포를 가지고

동창서열 제삼위 무적금괴 승룡을 제압 중원을 평정하

기에 이르렀다

서역의 천마벽력탄 앞에서 무적금괴의 철풍장 정도는
조족지혈이었다

무력 19년 초봄, 칠청단이란 자객의 무리들이 난데없
이 출몰해

무고한 백성들을 자객훈련 시킨다며 백골계곡에 잡아
가둔 사건이 있었다

이른바 소림삼십육방 통과보다 더 악명 높다는 지옥십
관 훈련

그러나 대부분 지옥일관도 통과하지 못하고 독가시 채
찍에 맞아 원혼이 되었다.

그무렵 하남 땅에선 민초들의 항쟁이 있었다

아, 이름하여 하남의 대혈겁

광두일귀는 공수무극파천장을 퍼부어 무림잡배의 폭
동을

무사히 제압했다고 공표 무림의 안녕을 거듭 확인했다

그날은 꽃잎도 혈편으로 흐드러졌고 봄비도 피비린내
의 살점으로 튀었다

이 엄청난 혈채를 어디서 보상받아야 하는가

무력 19년 가을, 광두일귀는 숭산의 영웅대회에서 잔혼귀존 폭풍마독등과

형식적인 비무를 거친 뒤 무림맹주의 권좌에 등극하였다

그날 무협신문들은 일제히 환영의 뜻을 표하며

혈의방 무사들이 통천가공할 무공을 익히며 호시탐탐 중원을 노리는 이때

강력한 무공의 소유자가 중원을 다스려야 한다고

수심에 가득찬 기사를 썼지만 대부분 인면수심들이었다

천마대제는 비명에 갔지만 강자존 약자멸!

이 무림의 대원칙이 깨질 것을 우려한 광두일귀 및 일부 뜻있는 고수들은

무력(武歷)은 무력으로밖에 지킬 수 없다는 평범한 이치 앞에 숙연해 하며

한층 겸허하게 무공연마에 정진할 것을 다짐했다

• 남의 칼로 적을 침.

땡볕

허
수
경

소나무는 제 사투리로 말하고

콩밭 콩꽃 제 사투리로 흔드는 대궁이

김 매는 울 엄니 무슨 사투리로 일하나

김 매는 울 올케 사투리로 몸을 터는 흙덩이

울 엄니 지고 가는 소쿠리에

출렁 출렁 사투리 넌출

울 올케 사투리 정갈함이란

갈천 조약돌 이빨 같아야

능수버들

문
인
수

나무야

조선나무 능수버들은

거칠고 버려진 기슭 바람 앞에 서서

천 만 갈래 찢어져 흐르는

설움 바가지 바가지 여울목에

치렁하고 순한 가락으로 서서

몸 비비게

몸 비비게

넉넉하게 몸 기댈 등걸로 서서

그 물살 빗어내리며 앞앞이 서서

봄눈 틔우던 나무야 조선나무야

외로운 그늘로 서서

죽은 강물 속엔 무엇이 더 남았느냐

빈 투망질 비에 젖는

나무야

안개

기
형
도

1

아침 저녁으로 샛강에 자욱이 안개가 낀다.

2

이 읍에 처음 와본 사람은 누구나

거대한 안개의 강을 거쳐야 한다.

앞서간 일행들이 천천히 지워질 때까지

쓸쓸한 가축들처럼 그들은

그 긴 방죽 위에 서 있어야 한다.

문득 저 홀로 안개의 빈 구멍 속에

갇혀 있음을 느끼고 경악할 때까지.

어떤 날은 두꺼운 공중의 종잇장 위에

노랗고 딱딱한 태양이 걸릴 때까지

안개의 군단(軍團)은 샛강에서 한 발자국도 이동하지 않는다.

출근길에 늦은 여공들은 깔깔거리며 지나가고

긴 어둠에서 풀려나는 검고 무뚝뚝한 나무들 사이로

아이들은 느릿느릿 새어나오는 것이다.

안개에 익숙하지 않은 사람들은 처음 얼마 동안

보행의 경계심을 늦추는 법이 없지만, 곧 남들처럼

안개 속을 이리저리 뚫고 다닌다. 습관이란

참으로 편리한 것이다. 쉽게 안개와 식구가 되고

멀리 송전탑이 희미한 동체를 드러낼 때까지

그들은 미친 듯이 흘러다닌다.

가끔씩 안개가 끼지 않는 날이면

방죽 위로 걸어가는 얼굴들은 모두 낯설다. 서로를 경계하며

바쁘게 지나가고, 맑고 쓸쓸한 아침들은 그러나

아주 드물다. 이곳은 안개의 성역(聖域)이기 때문이다.

날이 어두워지면 안개는 샛강 위에

한 겹씩 그의 빠른 옷을 벗어놓는다. 순식간에 공기는

희고 딱딱한 액체로 가득찬다. 그 속으로

식물들, 공장들이 빨려 들어가고

서너 걸음 앞선 한 사내의 반쪽이 안개에 잘린다.

몇 가지 사소한 사건도 있었다.

한밤중에 여직공 하나가 겁탈당했다.

기숙사와 가까운 곳이었으나 그녀의 입이 막히자

그것으로 끝이었다. 지난 겨울엔

방죽 위에서 취객(醉客) 하나가 얼어 죽었다.

바로 곁을 지난 삼륜차는 그것이

쓰레기 더미인 줄 알았다고 했다. 그러나 그것은

개인적인 불행일 뿐, 안개의 탓은 아니다.

안개가 걷히고 정오 가까이

공장의 검은 굴뚝들은 일제히 하늘을 향해
젖은 총신(銃身)을 겨눈다. 상처입은 몇몇 사내들은
험악한 욕설들 해대며 이 폐수의 고장을 떠나갔지만
재빨리 사람들의 기억에서 밀려났다. 그 누구도
다시 읍으로 돌아온 사람은 없었기 때문이다.

3

아침 저녁으로 샛강에 자욱이 안개가 낀다.
안개는 그 읍의 명물이다.
누구나 조금씩은 안개의 주식을 갖고 있다.
여공들의 얼굴은 희고 아름다우며
아이들은 무럭무럭 자라 모두들 공장으로 간다.

강정 간다

장
정
일

알고 보면 사람들은 모두 강정 가고 있는 것은 아닌가

하나같이 환한 얼굴 빛내며 꼭 내가 물어보면

금방 대답이라도 해줄 듯 자신 있는 표정으로

토요일 저녁과 일요일 아침, 내가 아는 사람들은

총총히 떠나간다. 울적한 직할시 변두리와 숨막힌

슬레이트 지붕 아래 찌그러진 생활로부터 달아나기
위해

제비처럼 잘 우는 어린 딸 손 잡고 늙은 가장은 3번 버
스를 탄다

무얼 하는 곳일까? 세상의 숱한 유원지라는 곳은

행여 그런 땅에 우리가 찾는 희망의 새가 찔끔찔끔
파란

페인트를 마시며 홀로 비틀거리고 있는지. 아니면

순은의 뱀 무리로 모여 지난 겨울에 잃었던 사랑이

잔뜩 고개 쳐들고 있을까?

나는 기다린다. 짜증이 곰팡이 피는 오후 한때를

그리하여 잉어 비늘 같은 노을로 가득 처진 어깨를 지고

장석 덜그럭거리는 대문 앞에 돌아와 주름진 바짓단에 묻은

몇 점 모래 털어놓으며, 그저 그런 곳이더군 강정이란 데는

그렇게 가봤자 별 수 없었다는 실망의 말을 나는 듣고 싶었고

경박한 입술들이 나의 선견지명 칭찬해 오길 기다렸다.

그러나 강정 깊은 물에 돌팔매 하자고 떠났거나

여름날 그곳 모래치마에 누워 하루를 즐기고 오겠다던 사람들은

안 오는 걸까, 안 오는 걸까, 기다림으로 녹슬며 내가 불안한 커튼

젖힐 때, 창가의 은행이 날마다 더 큰 가을 우산을 만

들어 쓰고

너무 행복하여 출발점을 잊어버린 게 아닐까

강정 떠난 사람처럼 편지 한 장 없다는 말이

새롭게 지구 한 모퉁이를 풍미하기 시작하고

한솥밥을 지으신 채 오늘은 어머니가, 얘야 우리도

강정 가자꾸나. 그래도 나의 고집은 심드렁히,

좀더 기다렸다 외삼촌이 돌아오는 걸 보고서. 라고 우

겼지만

속으로는 강정 가고 싶어 안달이 난 지경.

형과 함께 우리 세 식구 제각기 생각으로 김밥의 속을

싸고

골목 나설 때, 집사람 먼저 보내고 자신은 가게

정리나 하고 천천히 따라가겠다는 구멍가게 김씨가

짐작이나 한다는 듯이 푸근한 목소리로

오늘 강정 가시나 보지요. 그래서 나는 즐겁게 대답하

지만

방문 걸고 대문 나설 때부터 따라온 조그만 의혹이

아무래도 버스 정류소까지 따라올 것 같아 두렵다.

분명 언제부터인가 나도 강정 가는 길을 익히고 있었던 것 같은데

한밤에도 두 눈 뜨고 찾아가는 그 땅에 가면 뭘 하나

고산족이 태양에게 경배를 바치듯 강 둔덕 따라 늘어선

미류나무 높은 까치집이나 쳐다보며 하품 하듯 내가

수천 번 경탄 허락하고 나서 이제 돌아나 갈까 또 어쩔까

서성이면, 어느새 세월의 두터운 금침 내려와

세상 사람들이 나의 이름을 망각 속에 가두어놓고

그제서야 메마른 모래를 양식으로 힘을 기르며

다시 강정의 문 열고 그리운 지구로 돌아오기 위해

우리는 이렇게 끈끈한 강바람으로 소리쳐 울어야 하겠지

어쨌거나 지금은 행복한 얼굴로 사람들이 모두 강정 간다.

서울로 가는 전봉준(全琫準)

안
도
현

눈 내리는 만경 들 건너가네

해진 짚신에 상투 하나 떠 가네

가는 길 그리운 이 아무도 없네

녹두꽃 자지러지게 피면 돌아올거나

울며 울지 않으며 가는

우리 봉준이

풀잎들이 북향하여 일제히 성긴 머리를 푸네

그 누가 알기나 하리

처음에는 우리 모두 이름 없는 들꽃이었더니

들꽃 중에서도 저 하늘 보기 두려워

그늘 깊은 땅속으로 젖은 발 내리고 싶어하던

잔뿌리였더니

그대 떠나기 전에 우리는
목쉰 그대의 칼집도 찾아주지 못하고
조선 호랑이처럼 모여 울어주지도 못하였네
그보다도 더운 국밥 한 그릇 말아주지 못하였네
못다 한 그 사랑 원망이라도 하듯
속절없이 눈발은 그치지 않고
한 자 세 치 눈 쌓이는 소리까지 들려오나니

그 누가 알기나 하리
겨울이라 꽁꽁 숨어 우는 우리나라 풀뿌리들이
입춘 경칩 지나 수군거리며 봄바람 찾아오면
수천 개의 푸른 기상나팔을 불어제낄 것을
지금은 손발 묶인 저 얼음장 강줄기가
옥빛 대님을 홀연 풀어헤치고
서해로 출렁거리며 쳐들어갈 것을

우리 성상(聖上) 계옵신 곳 가까이 가서

녹두알 같은 눈물 흘리며 한 목숨 타오르겠네

봉준이 이사람아

그대 갈 때 누군가 찍은 한 장 사진 속에서

기억하라고 타는 눈빛으로 건네던 말

오늘 나는 알겠네

들꽃들아

그날이 오면 닭 울 때

흰 무명띠 머리에 두르고 동진강 어귀에 모여

척왜척화 척왜척화 물결 소리에

귀를 기울이라

나는 고양이로 태어나리라

황
인
숙

이 다음에 나는 고양이로 태어나리라.

윤기 잘잘 흐르는 까망 얼룩 고양이로

태어나리라.

사뿐사뿐 뛸 때면 커다란 까치 같고

공처럼 둥굴릴 줄도 아는

작은 고양이로 태어나리라.

나는 툇마루에서 졸지 않으리라.

사기그릇의 우유도 핥지 않으리라.

가시덤풀 속을 누벼누벼

너른 벌판으로 나가리라.

거기서 들쥐와 뛰어놀리라.

배가 고프면 살금살금

참새떼를 덮치리라.

그들은 놀라 후다닥 달아나겠지.

아하하하

폴짝폴짝 뒤따르리라.

꼬마 참새는 잡지 않으리라.

할딱거리는 고놈을 앞발로 툭 건드려

놀래주기만 하리라.

그리고 곧장 내달아

제일 큰 참새를 잡으리라.

이윽고 해는 기울어

바람은 스산해지겠지.

들쥐도 참새도 가버리고

어두운 벌판에 홀로 남겠지.

나는 돌아가지 않으리라.

어둠을 핥으며 낟가리를 찾으리라.

그 속은 아늑하고 짚단 냄새 훈훈하겠지.

홀쩍 뛰어올라 깊이 웅크리리라.

내 잠자리는 달빛을 받아

은은히 빛나겠지.

혹은 거센 바람과 함께 찬 비가

빈 벌판을 쏘다닐지도 모르지.

그래도 난 털끝 하나 적시지 않을걸.

나는 꿈을 꾸리라.

놓친 참새를 쫓아

밝은 들판을 내닫는 꿈을.

비망록

김
경
미

햇빛에 지친 해바라기가 가는 목을 담장에 기대고 잠
시 쉴 즈음. 깨어 보니 스물네 살이었다. 신(神)은, 꼭꼭 머
리카락까지 조리며 숨어 있어도 끝내 찾아주려 노력지
않는 거만한 술래여서 늘 재미가 덜했고 타인은 고스란
히 이유 없는 눈물 같은 것이었으므로,

스물네 해째 가을은 더듬거리는 말소리로 찾아왔다.
꿈밖에서는 날마다 누군가 서성이는 것 같아 달려나가
문 열어보면 아무 일 아닌 듯 코스모스가 어깨에 묻은 이
슬발을 툭툭 털어내며 인사했다. 코스모스 그 가는 허리
를 안고 들어와 아이를 낳고 싶었다. 석류속처럼 붉은 잇
몸을 가진 아이.

끝내 아무 일도 없었던 스물네 살엔 좀더 행복해져도 괜찮았으련만. 굵은 입술을 가진 산두목 같은 사내와 좀더 오래 거짓을 겨루었어도 즐거웠으련만. 이리 많이 남은 행복과 거짓에 이젠 눈발 같은 이를 가진 아이나 웃어줄는지. 아무 일 아닌 듯.   해도,

절벽엔들 꽃을 못 피우랴. 강물 위인들 걷지 못하랴. 문득 깨어나 스물다섯이면 쓰다 만 편지인들 다시 못쓰랴. 오래 소식 전하지 못해 죄송했습니다. 실낱처럼 가볍게 살고 싶어서였습니다. 아무것에도 무게 지우지 않도록.

우리 살던 옛집 지붕

이
문
재

마지막으로 내가 떠나오면서부터 그 집은 빈집이 되었
지만

강이 그리울 때 바다가 보고 싶을 때마다

강이나 바다의 높이로 그 옛집 푸른 지붕은 역시 반짝
여 주곤 했다

가령 내가 어떤 힘으로 버림받고

버림받음으로 해서 아니다 아니다

이러는 게 아니었다 울고 있을 때

나는 빈집을 흘러나오는 음악 같은

기억을 기억하고 있다

우리 살던 옛집 지붕에는

우리가 울면서 이름붙여 준 울음 우는

별로 가득하고

땅에 묻어주고 싶었던 하늘

우리 살던 옛집 지붕 근처까지

올라온 나무들은 바람이 불면

무거워진 나뭇잎을 흔들며 기뻐하고

우리들이 보는 앞에서 그해의 나이테를

아주 둥글게 그렸었다

우리 살던 옛집 지붕 위를 흘러

지나가는 별의 강줄기는

오늘밤이 지나면 어디로 이어지는지

그 집에서는 죽을 수 없었다

그 아름다운 천정을 바라보며 죽을 수 없었다

우리는 코피가 흐르도록 사랑하고

코피가 멈출 때까지 사랑하였다

바다가 아주 멀리 있었으므로

바다 쪽 그 집 벽을 허물어 바다를 쌓았고

강이 멀리 흘러나갔으므로

우리의 살을 베어내 나뭇잎처럼

강의 환한 입구로 띄우던 시절

별의 강줄기 별의

어두운 바다로 흘러가 사라지는 새벽

그 시절은 내가 죽어

어떤 전생으로 떠돌 것인가

알 수 없다

내가 마지막으로 그 집을 떠나면서

문에다 박은 커다란 못이 자라나

집 주위의 나무들을 못박고

하늘의 별에다 못질을 하고

내 살던 옛집을 생각할 때마다

그 집과 나는 서로 허물어지는지도 모른다 조금씩

조금씩 나는 죽음 쪽으로 허물어지고

나는 사랑 쪽에서 무너져 나오고

알 수 없다

내가 바다나 강물을 내려다보며 죽어도

어느 밝은 별에서 밧줄 같은 손이

내려와 나를 번쩍

번쩍 들어올릴는지

영산포(榮山浦) 1

나
해
철

배가 들어

멸치젓 향내에

읍내의 바람이 다디달 때

누님은 영산포를 떠나며

울었다.

가난은 강물 곁에 누워

늘 같이 흐르고

개나리꽃처럼 여윈 누님과 나는

청무우를 먹으며

강둑에 잡풀로 넘어지곤 했지.

빈손의 설움 속에

어머니는 묻히시고

열여섯 나이로

토종개처럼 열심이던 누님은

호남선을 오르며 울었다.

강물이 되는 숨죽인 슬픔

강으로 오는 눈물의 소금기는 쌓여

강심(江深)을 높이고

황시리젓배는 곧 들지 않았다.

포구가 막히고부터

누님은 입술과 살을 팔았을까

천한 몸의 아픔, 그 부끄럽지 않은 죄가

그리운 고향, 꿈의 하행선을 막았을까

누님은 오지 않았다

잔칫날도 큰집의 제삿날도

누님 이야기를 꺼내는 사람은 없었다.

들은 비워지고

강은 바람으로 들어찰 때

갈꽃이 쓰러진 젖은 창의

얼굴이었지

십년 세월에 살며시 아버님을 뵙고

오래도록 소리 죽일 때

누님은 그냥 강물로 흐르는 것

같았지.

버려진 선창을 바라보며

누님은

남자와 살다가 그만 멀어졌다고

말했지.

갈꽃이 쓰러진 얼굴로

영산강을 걷다가 누님은

어둠에 그냥 강물이 되었지,

강물이 되어 호남선을 오르며

파도처럼 산불처럼

흐느끼며 울었지.

보리씨

김
용
택

달이 높다

추수 끝난 우리나라

들판길을 홀로 걷는다

보리씨 한알 얹힐 흙과

보리씨 한알 덮을 흙을

그리워하며 나는 살았다.

사평역(沙平驛)에서

곽재구

막차는 좀처럼 오지 않았다

대합실 밖에는 밤새 송이눈이 쌓이고

흰 보라 수수꽃 눈시린 유리창마다

톱밥난로가 지펴지고 있었다

그믐처럼 몇은 졸고

몇은 감기에 쿨럭이고

그리웠던 순간들을 생각하며 나는

한줌의 톱밥을 불빛 속에 던져주었다

내면 깊숙이 할 말들은 가득해도

청색의 손바닥을 불빛 속에 적셔두고

모두들 아무 말도 하지 않았다

산다는 것이 때론 술에 취한 듯

한 두름의 굴비 한 광주리의 사과를

만지작거리며 귀향하는 기분으로

침묵해야 한다는 것을

모두들 알고 있었다

오래 앓은 기침소리와

쓴 약 같은 입술담배 연기 속에서

싸륵싸륵 눈꽃은 쌓이고

그래 지금은 모두들

눈꽃의 화음에 귀를 적신다

자정 넘으면

낯설음도 뼈아픔도 다 설원인데

단풍잎 같은 몇 잎의 차창을 달고

밤열차는 또 어디로 흘러가는지

그리웠던 순간들을 호명하며 나는

한줌의 눈물을 불빛 속에 던져주었다.

연혁(沿革)

　　섣달 스무아흐레 어머니는 시루떡을 던져 앞 바다의
흩어진 물결들을 달래었습니다. 이튿날 내내 청태(靑苔)
밭 가득히 찬비가 몰려왔습니다. 저희는 우기(雨期)의
처마 밑을 바라볼 뿐 가난은 저희의 어떤 관례와도 같았
습니다. 만조(滿潮)를 이룬 저의 가슴이 무장무장 숨가빠
하면서 무명옷이 젖은 저희 일가(一家)의 심한 살냄새를
맡았습니다. 빠른 물살들이 토방문(土房門)을 빠져나가
는 소리를 들으며 저희는 낮은 연안(沿岸)에 남아 있었습
니다.

　　모든 근경(近景)에서 이름없이 섬들이 멀어지고 늦게
떠난 목선(木船)들이 그 사이에 오락가락했습니다. 저는
바다로 가는 대신 뒤안 장독의 작게 부서지는 파도 소리

를 들었습니다. 빈 항아리마다 저의 아버님이 떠나신 솔섬 새울음이 그치질 않았습니다. 물 건너 어느 계곡이 깊어가는지 차라리 귀를 막으면 남만(南灣)의 멀어져가는 섬들이 세차게 울고울고 하였습니다.

어머니는 저를 붙들었고 내지(內地)에는 다시 연기가 피어올랐습니다. 그럴수록 근시(近視)의 겨울 바다는 눈부신 저의 눈시울에서 여위어갔습니다. 아버님이 끌려가신 날도 나루터 물결이 저렇듯 잠잠했습니다. 물가에 서면 가끔 지친 물새떼가 저의 어지러운 무릎까지 밀려오기도 했습니다. 저는 어느 외딴 물나라에서 흘러들어온 흰 상여꽃을 보는 듯했습니다. 꽃 속이 너무나 환하여 저는 빨리 잠들고 싶었습니다. 언뜻언뜻 어머니가 잠든 태몽(胎夢)중에 아버님이 드나드시는 것이 보였고 저는 석화(石花)밭을 넘어가 인광(燐光)의 밤바다에 몰래 그물을 넣었습니다. 아버님을 태운 상여꽃이 끝없이 끝없이 새벽 물을 건너가고 있습니다.

삭망(朔望) 바람이 불어왔습니다. 그러나 바람 속은 저의 사후(死後)처럼 더 이상 바람 소리가 나지 않고 목선(木船)들이 빈 채로 돌아왔습니다. 해초 냄새를 피하여 새들이 저의 무릎에서 뭍으로 날아갔습니다. 물가 사람들은 머리띠의 흰 천을 따라 내지(內地)로 가고 여인들은 환생(還生)을 위해 저 우기(雨期)의 청태(靑苔)밭 넘어 재배삼배(再拜三拜) 흰떡을 던졌습니다. 저는 괴로워하는 바다의 내심(內心)으로 내려가 땅에 붙어 괴로워하는 모든 물풀들을 뜯어 올렸습니다.

내륙(內陸)에 어느 나라가 망하고 그 대신 자욱한 앞바다에 때아닌 배추꽃들이 떠올랐습니다. 먼 훗날 제가 그물을 내린 자궁(子宮)에서 인광(燐光)의 항아리를 건져올 사람은 누구일까요.

이 시대의 사랑

최
승
자

불러도 삼월에는 주인이 없다

동대문 발치에서 풀잎이 비밀에 젖는다.

늘 그대로의 길목에서 집으로

우리는 익숙하게 빠져들어

세상 밖의 잠 속으로 내려가고

꿈의 깊은 늪 안에서 너희는 부르지만

애인아 사천 년 하늘 빛이 무거워

〈이 강산 낙화유수 흐르는 물에〉

우리는 발이 묶인 구름이다.

밤이라 복면한 바람이

우리를 불러내는

이 무렵의 뜨거운 암호를

죽음이 죽음을 따르는

이 시대의 무서운 사랑을

우리는 풀지 못한다

담배를 피우는 시체(屍體)

김혜순

어디서 접시 깨어지는 소리를 들었다.

언제나 그 소리가 들렸다.

옆에서 죽은 여자의 전신이 망가진 기계처럼 흩어졌다.

꺼어먼 뼈 사이로 검은 독충들이 기어나왔다.

내가 한 마리 독충을 들고 웃는다.

혹은 말을 걸어 보고 싶다.

〈내 진술은 여기서부터 더듬기 시작〉

바, 방에는 검은 독충들이 더, 듬, 으, 며, 흩어지고

어리고 섬찟한 금을 긋는다.

내가 죽은 여자의 입술을 주어서 담배를 물려 준다.

그러다가 이내 뺏아가고 다시 물려 준다.

불이 우는 것 같다. 어디서 복숭아 냄새가 난다.

시(詩) 속에 사닥다리라는 말을 넣고 싶다.

사닥다리를 든 내가 계단에서 서성거린다.

창문이 열리고 흰 스카프를 쓴 죽은 여자의 얼굴이 걸려 있다.

아, 아직도 접시 깨어지는 소리가 들린다.

연가(戀歌)

고
정
희

아픈 머리에 열이 가라앉고

창마다 환하게 불빛 고이는 저녁

겨울 난롯불에 내 혼을 쬐며 고린도전서 13장을 펴면

내 진실의 계단 어디쯤서 너는 오고 있는가

어둠을 쓰러뜨리며 난롯불은 조금씩 내 피를 덥히고

꿈틀이며 꿈틀이며 타고 있는 글자들

구름이 가는 곳을 묻고 싶은 황혼쯤

엉겅퀴 울타리를 밟고 가는 바람처럼

내 안에 서걱이는 한 무더기 공허

한 무더기 공허로도 비칠 수 없는 얼굴

불심지 휘감아도 살속 캄캄한 어둠 목구멍을 채우네

1
7
2

지구 가득 부신 햇빛 부려놓고

노을을 물들이는 태양이여,

산마루 넘어가는 태양이여,

눈은 눈으로 구름은 구름으로 떠나고 있을 때

나무들 우쭐대는 진종일 바람은 바람으로 만나고 있

을 때

내 깊은 눈물샘 어디쯤서 물그르매

물그르매 번쩍이는 너

산문(山門)에 기대어

송수권

누이야

가을산(山) 그리매에 빠진 눈썹 두어 낱을

지금도 살아서 보는가

정정(淨淨)한 눈물 돌로 눌러 죽이고

그 눈물 끝을 따라가면

즈믄밤의 강(江)이 일어서던 것을

그 강물 깊이깊이 가라앉은 고뇌(苦惱)의 말씀들

돌로 살아서 반짝여 오던 것을

더러는 물 속에서 튀는 물고기같이

살아 오던 것을

그리고 산다화(山茶花) 한 가지 꺾어 스스럼없이

건네이던 것을

누이야 지금도 살아서 보는가

가을산(山) 그리매에 빠져 떠돌던, 그 눈썹 두어 낱

을 기러기가

강물에 부리고 가는 것을

내 한 잔(盞)은 마시고 한 잔(盞)은 비워 두고

더러는 잎새에 살아서 튀는 물방울같이

그렇게 만나는 것을

누이야 아는가

가을산(山) 그리매에 빠져 떠돌던

눈썹 두어 낱이

지금 이 못물 속에 비쳐 옴을

첨성대

할머님 눈물로 첨성대가 되었다.
일평생 꺼내 보던 손거울 깨뜨리고
소나기 오듯 흘리신 할머니 눈물로
밤이면 나는 홀로 첨성대가 되었다.

한단 한단 눈물의 화강암이 되었다.
할아버지 대피리 밤새 불던 그믐밤
첨성대 꼭 껴안고 눈을 감은 할머니
수놓던 첨성대의 등잔불이 되었다.

밤마다 할머니도 첨성대 되어
댕기 댕기 꽃댕기 붉은 댕기 흔들며

별 속으로 달아난 순네를 따라
동짓날 흘린 눈물 북극성이 되었다.

싸락눈 같은 별들이 싸락싸락 내려와
첨성대 우물 속에 퐁당퐁당 빠지고
나는 홀로 빙빙 첨성대를 돌면서
첨성대에 떨어지는 별을 주웠다.

별 하나 질 때마다 한방울 떨어지는
할머니 눈물 속 별들의 언덕 위에
버려진 버선 한짝 남몰래 흐느끼고
붉은 명주 옷고름도 밤새 울었다.

여우가 아기 무덤 몰래 하나 파 먹고
토함산 별을 따라 산을 내려와
첨성대에 던져놓은 할머니 은비녀에
밤이면 내려앉는 산여우 울음소리.

첨성대 창문턱을 날마다 넘나드는

동해바다 별 재우는 잔물결 소리.

첨성대 앞 푸른 봄길 보리밭길을

빚쟁이 따라가던 송아지 울음소리.

빙빙 첨성대를 따라 돌다가

보름달이 첨성대에 내려앉는다.

할아버진 대지팡이 첨성대에 기대놓고

온 마을 석등마다 불을 밝힌다.

할아버지 첫날밤 켠 촛불을 켜고

첨성대 속으로만 산길 가듯 걸어가서

나는 홀로 별을 보는 일관(日官)이 된다.

지게에 별을 지고 머슴은 떠나가고

할머닌 소반에 새벽별 가득 이고

인두로 고이 누빈 베동정 같은

반월성 고갯길을 걸어오신다.

단옷날 밤

그네 타고 계림숲을 떠오르면

흰 달빛 모시치마 홀로 선 누님이여.

오늘밤 어머니도 첨성댈 낳고

나는 수놓은 할머니의 첨성대가 되었다.

할머니 눈물의 화강암이 되었다.

채탄(採炭)

이
시
영

바닷가에 버린 원목(原木)더미에도

죽은 탄부(炭夫)의 돋아나는 귀

지층(地層) 밑껍질 겹겹이

나는 빠져 있고

혀끝에 짤린 시간 속에서도

무한한 가늠대를 세우고

일어서는 자, 나는

빙하 끝으로 둥둥 뜬다

한냉선의 그물코에 걸려

납작해진 사람이여

내 안의 까맣게 탄 뼈에 깨어

듣고 있는가

자라지 않는 뿌리,

끄떡이며 물 밖으로 내 목이

떨어진다

채굴(採掘)의 깊고 그윽한 한때

깨스등에 넘친 밤

뽑혀난 목적은 축축히 젖고

다시 밝아온다

석탄암 깊이깊이 나는 매몰되고

매몰되고, 통찰의 번쩍이는 렌즈

탄층(炭層) 벽에는 사자들의 맑디맑은

혼이 박혀 있다

오 난해한 내 믿음의 곡괭이가

보이느냐

묻힌 모든 나의 어리석음을

물주전자에 끓이는 단 하루의 모호(模糊)를

캐어내는 소리

그 격렬한 분노의 억누름도

짧게짧게 꺾여가고

제 마등의 허리 부러진 자유,

비틀린 푸른 불꽃 하나씩은

이파리다, 그들 작은 이념의

새순의 에미다

온몸에 열려 있는 삽질소리를 열고,

퍼낸 바다를

탄선(炭船)은 떠났다

흑판(黑板)

조
정
권

내가 걸어가고 있을 때, 비에 젖은 가로수가 발바닥을 말리며 햇빛속으로 따라오고 있었어, 나는 갇혀 있는 5月의 우체국 길을, 주머니에 가득한 햇살을 만지면서 걸었어, 그전에 내가 머문 시절(時節)에 못을 박았어. 햇살은 식어 있었어, 안소니 파킨스 얼굴이 지워져 있는 이 흑판(黑板), 그 벽까지 내가 먼지를 흘리고 돌아왔을 때, 내가 흘린 먼지들이 내 길을 따라 기어나오고, 누나 누나 어디에서나 햇살은 식어 있었어, 이놈의 흑판(黑板), 젊음이 깨어진 얼굴을 그리면서 아무도 보이지 않는 방에 들어가 울었어. 울면서 나는 들었어. 가로수의 소리침, 소리의 문(門)뒤에서 하얗게 지워지는 햇살들, 지워지면서 다시 흘러 내리는 내 얼굴의 면각(面角)을 건져 내면서, 나는 하얇게 비어가고 있었어.

황톳길

황톳길에 선연한

핏자욱 핏자욱 따라

나는 간다 애비야

네가 죽었고

지금은 검고 해만 타는 곳

두 손엔 철삿줄

뜨거운 해가

땀과 눈물과 모밀밭을 태우는

총부리 칼날 아래 더위 속으로

나는 간다 애비야

네가 죽은 곳

부줏머리 갯가에 숭어가 뛸 때

가마니 속에서 네가 죽은 곳

밤마다 오포산에 불이 오를 때

울타리 탱자도 서슬 푸른 속이파리

뻣시디뻣신 성장처럼 억세인

황토에 대낮 빛나던 그날

그날의 만세라도 부르랴

노래라도 부르랴

대숲에 대가 성긴 동그만 화당골

우물마다 십년마다 피가 솟아도

아아 척박한 식민지에 태어나

총칼 아래 쓰러져 간 나의 애비야

어이 죽순에 괴는 물방울

수정처럼 맑은 오월을 모르리 모르리마는

작은 꼬막마저 아사하는

길고 잔인한 여름

하늘도 없는 폭정의 뜨거운 여름이었다

끝끝내

조국의 모든 세월은 황톳길은

우리들의 희망은

낡은 짝배들 햇볕에 바스라진

뻘길을 지나면 다시 모밀밭

희디흰 고랑 너머

청천 드높은 하늘에 갈리던

아아 그날의 만세는 십년을 지나

철삿줄 파고드는 살결에 숨결 속에

너의 목소리를 느끼며 흐느끼며

나는 간다 애비야

네가 죽은 곳

부줏머리 갯가에 숭어가 뛸 때

가마니 속에서 네가 죽은 곳.

강설(降雪)의 아침에서
해빙(解氷)의 저녁까지

신대철

하루는, 늘

흙속에서 흙속으로 출렁이는 약한 가교(架橋).

눈 가상이에 숨 쉬는 세계의 높은 혈압(血壓)을

탄탄한 의욕 펴 가벼이 납득(納得)하고서

불티마저 꺼진 관능(官能)의 온돌방을 빠져나올 때

우리의 안팎으로 섬교(纖巧)하게 이어지는

뜨겁기만한 잎사귀와 뿌리털.

오랜만의 초조한 외출 길에도

메마른 폭설(暴雪)은 허기처럼 산발하여 내리고,

해일(海溢) 위에 뜬 지구의 제 중심을 향해

우리는 가장 부지런한 자갈길을 걷는다.

안개 피어오르는 현대와 과거의

조금씩 부드러워진 여울목을 내려오르다가,

불현듯 우리는 흩어지고

겨울나무들이 최종의 잎새를 떨듯이

수심(水深) 깊은 뿌리털 속에서

나는 첨예(尖銳)한 눈을 뜬다.

허약자(虛弱者)들이 죽어 쌓인 먼지와

모래알 껴 답답한 나목의 사회(社會).

어딜까, 햇볕이 아직은 고여 있을 토양(土壤)에 정착
(定着)하고자

바람의 캄캄한 틈바귀마다

내 슬기로운 탐색(探索)을 비벼 넣는다.

가벼운 압력조차 잘 느끼는 촉각(觸覺)을 뻗친다.

잎사귀와 뿌리털의 신비로운 기능을

번갈아 나눠하며

그후,

평범(平凡)한 생활인(生活人)이었던가를

귀 열어 가다듬은 이웃을 위해

내 의미대로의 대답(對答)을 준다.

시간의 옆에 물러앉아

흙 속으로 전화(電話) 거는 눈먼 노인(老人)이여,

우리는 똑같이 아름답고픈 현화식물(顯花植物)

추운 모랄의 하늘 밑에서는

항상 눈물 글썽여 이주(移住)하며 살아야 했지.

회의(懷疑) 밟히는 발자국의 깊이를 더 좁혀

물결소리 하나 들리지 않는 군중(群衆)의 황폐한 눈
구석,

죽음의 골짜기를 간신히 건너뛰면

아아

어느새 실종(失踪)의 오후.

밤새의 천리성(千里城)이

외로운 그림자에 축축히 젖어 허물리는 것을

또, 알고 있지.

움직일 수 없는 것 중의 화려한 것이

마침내 쓰러진 귀가(歸家) 길에서

자기(自己) 안에 불 일궈 연소(燃燒)시켜도 소용없을
것을,

그러나 나는 끝까지

결빙(結氷)의 내 밑바닥을 뚫어나간다.

신선한 근목(根本)이 보이잖게 찰찰 녹아 있을 수원지
(水源池),

그 지하수(地下水)에 이르는 난항(難航)의 뱃길은

선조가 단 하나 던져준 은근과 끈기의

반 접시 썰렁한 시간

잔뼈에 떠 있는 공복의 빙산(氷山)을 위험하게 비켜나
갈까,

나는 몇 억을 살아야 도달(到達)할 수 있을까.

하루는, 늘

흙속에서 흙속으로 출렁이는 약한 가교(架橋).

기둥 밑은 피로한 이론(理論)의 흙탕물이 괴어 있어서

머리칼에 센 힘을 추켜세워

잔뜩 부둥켜안은 당신과 나의 허리를 나란히, 부러뜨
린다.

내 중심(中心)을 떠받드는 신(神)의 열 손가락을 한 마
디씩 자른다, 잘려나간다.

생명(生命)의 돛이 제가끔 꺼져가는 동안

방종(放縱)은 되살아

유리창 찬 살에 부딪는 별빛 나의 늦은 보행(步行)을
적시고,

비틀거리는 순간에 끼어드는 사상(死相)

우리의 가까이 총량(總量)은 조금씩 낮아진다.

주위는, 가까이로부터

헐리는 시간의 높이와 발자국

지표(地表) 위의 온갖 동작의 해체(解體) 소리.

우리들의 허전한 내부(內部)와 외부(外部)

앙상한 오솔길을 물갈퀴로 내왕(來往)하던 것들은

전부, 쌀겨처럼 흩날린다.

흙속에서 씻겨나가 흩날릴 것이다.

이, 숨이 찰 듯한 나의 발언을 수송(輸送)하라.

수심(水深) 깊은 속의 내력(來歷)을 샅샅이 읽어왔을
바람이여,

오늘의 벼랑 끝에서 미아(迷兒)가 된 나는

스물세 살의 오늘의 질문(質問)을

내 힘대로 투척한다.

강설(降雪)의 아침에서 해빙(解氷)의 저녁까지

귀먹어가고 있을

세상(世上)의

밖에 살아있는 슬픈 내 연인(戀人)에게‥‥‥

순례자의 잠

강은교

바람은 늘 떠나고 있네.

잘 빗질된 무기(無機)의 구름떼를 이끌면서

남은 살결은 꽃물 든 마차에 싣고

집앞 벌판에 무성한

내 그림자도 거두며 가네.

비폭력자 마틴 루터 킹 목사가 죽은 아침

싸움이 끝난 사람들의 어깨 위로

하루낮만 내리는 비

낙과(落果)처럼 지구는 숲 너머 출렁이고

오래 닦인 초침 하나가

궁륭 밖으로

장미가시를 끌고 떨어진다.

들여다보면 안개 속을
문은 어디서 열리고 있는가.
생전에 박아두었던
곤한 하늘 뿌리를 뽑아들고
폐허의 햇빛 아래 전신을 말리고 있는
눈먼 얼굴들이여

떨어지는 것들이 쌓여서 잠이 들면
이제 알았으리, 바람 속에서
사람의 손톱은 낡고
집은 자주 가벼워지는 것을.
위대한 비폭력자
마틴 루터 킹 목사와 함께 가는 아침
돌아옴이 없이 늘 날으는
바람에 실려
내 밟던 흙은 저기 지중해 쯤에서

또 어떤 꽃의 목숨을 빚고 있네.

우리들의 양식(糧食)

이 성 부

모두 서둘고, 침략(侵掠)처럼 활발한 저녁

내 손은 외국산 베니어를 만지면서

귀가(歸家)하는 길목의 허름한 자유와

뿌리 깊은 거리와 식사(食事)와

거기 모인 구리빛 건강의 힘을 뭉아 둔다.

톱날에 잘려지는 베니어의 섬세(纖細),

쾌락(快樂)의 깊이보다 더 깊게

파고 들어가는 노을녘의 기교(技巧)들.

잘 한다 잘 한다고 누가 말했어.

한 손에 석간(夕刊)을 뭉아 쥐고

빛나는 구두의 위대(偉大)를 남기면서

늠름히 돌아보는 젊은 아저씨.

역사적인 집이야, 조심히 일하도록.

흥, 나는 도무지 엉터리 손발이고

밤이면 건방진 책을 읽고 라디오를 들었다.

함마 소리, 자갈을 나르는 아낙네가 십여명,

몇 사람의 남자는 철근(鐵筋)을 정돈한다.

순박하고 땀에 물든 사람들

힘을 사랑하고, 배운 일을 경멸하는 사람들.

저녁상과 젊은 아내가 당신들을 기다린다.

일찍 돌아간다고 당신들은 뱉어 내며

그러나 어딘가 거쳐서 헤어지는

그 허술한 공복(空腹),

어쩌면 번쩍이고 누우런 연애(戀愛).

거기엔 입, 입들이 살아 있고 천재(天才)가 살아 있다.

아직은 숙달되지 못한 노오란 나의 음주(飮酒)

친구에게는 단호하게 지껄이며

나도 또한 제왕(帝王)처럼 돌아갈 것이다.

늦도록 잠을 잃고 기다리던 내 아내

문밖에 나와 서 있는 그 사람,

비틀거리며 내 방에 이르면

구석 어딘가에 저녁이 죽어 있다.

아아 내 톱날에 잘려지는 외국산 나무들.

외롭게 잘려서, 얼굴을 내놓는 김치, 깍두기

차고 미끄러운, 된장국 시간(時間).

베니어는 잘려 나가고

무거운 내 머리, 어제 읽은 페이지가 잘려 나간다.

허리 부러진 흙의 이야기

활자(活字)들도 하나씩 기어서 달아나는

덩구는 낱말, 그 밥알들을 나는 먹겠지.

상을 물리고 건방진 책을 읽기 위하여

나는 잠시 아내를 멀리하면

바람이 차네요, 그만 주무셔요.

퍽 언짢은 자색(紫色) 이불 속에 누워

아내는 몇 차례 몸을 뒤채지만

젊은 아내여, 내가 들고 오는 도시락의 무게를

구멍난 내 바지가랭이의 시대(時代)를

그러나 나는 읽고 있다.

모두 서둘고, 침략처럼 활발한 저녁

철근공(鐵筋工), 십여 명 아낙네, 스스로의 해방(解放)
으로 사라진 뒤,

빈 공사장에 녹슨 서풍(西風)이 불어 올 때

나도 일어서서 가야 한다면

계절은 몰래 와서 잠자고, 미움의 짙은 때가 쌓이고

돌아볼 아무런 역사(歷史)마저 사라진다.

목에 흰 수건을 두른 저 거리의 일꾼들

담배를 피워 물고 뿔뿔이 헤어지는

저 떨리는 민주(民主)의 일부(一部), 시민(市民)의 일
부(一部).

우리들은 모두 저렇게 어디론가 떨어져 간다

한계

천
양
희

한밤중에 혼자

깨어 있으면

세상의

온도가 내려간다

간간이

늑골 사이로

추위가 몰려온다

등산도 하지 않고

땀 한번 안 흘리고

내 속에서 마주치는

한계령 바람소리

다 불어버려
갈 곳이 없다
머물지도 떠나지도 못한다

언 몸 그대로
눈보라 속에 놓인다.

빈약(貧弱)한 올페의 회상(回想)

최
하
림

나무들이 일전(日前)의 폭풍처럼 흔들리고 있다

먼 들을 횡단하여 나의 정신(精神)은 부재(不在)의 손
을 버리고

쌓여진 날이 비애처럼 젖어드는 쓰디쓴 이해(理解)의
속

퇴각하는 계단의 광선이 거울을 통과하며 시간을 부
르며

바다의 각선(脚線) 아래로 빠져나가는

오늘도 외로운 발단(發端)인 우리

아아 무슨 근거(根據)로 물결을 출렁이며 아주 끝나거

나 싸늘한 바다로

　나아가고자 했을까 나아가고자 했을까

　기계(機械)가 의식의 잠속을 우는 허다한 허다한 항
구(港口)여

　내부(內部)에 쌓인 슬픔을 수없이 작별하며 흘러가는
나여

　이 운무(雲霧) 속, 찢겨진 시신(屍身)들이 걸린 침묵
아래서 나뭇잎처럼

　토해 놓은 우리들은 오랜 붕괴의 부두를 내려가고

　저 시간들, 배신들, 나무와 같이 심은 별

　우리들의 소유인 이와 같은 것들이 육체(肉體)의 격렬
한 통로(通路)를 지나서

　불명(不明)의 아래아래로 퍼져 버리고

　울부짖음처럼 눈발이 날리는 벌판의

　차가운 가지 새에서

　헤매임의 어휘에 걸려 나나히

　무거운 팔을 흔들고

나의 가을을 잠재우라 흔적의 호수(湖水)여

지금은 물속의 봄, 가라앉은 고향의

말라들어가는 응시에서 핀

보라빛 꽃을 본다

나무가 물속처럼 커오르고

푸르디푸른 벽에 감금한 꽃잎은 져내려

분홍빛 몸을 감싸고

직모물의 무늬같이 부동(不動)으로 흐르는

기나긴 철주(鐵柱)를 빠져나와 우리들은 모두 떠오른
다

여인숙(旅人宿)에서처럼 낯설게 임종한, 그 다음에 물
이 흐르는 육체(肉體)여

아득히 다가와 주고 받으며 멀어져가는 비극의 시간은

서산(西山)에 희고 긴 비단을 입고 오고 있다

아주 장대하고 단순한 바다 위에서

아아 유리디체여!

(유리디체여 달빛이 흐르는 철판 위

인간(人間)의 땀이 어룽져 있는 건물 밖에는

달이 떠 있고 달빛이 기어들어와

파도소리를 내는 철판 위

빛낡은 감탄사를 손에 들고 어두운

얼굴의 목이 달을 보면서 서 있다)

*

푸르디푸른 현(絃)을 율법(律法)의 칼날 위에 세우라

  소리들이 떨어지면서 빠져나가며 매혹하는 음절로 칠

지라도

  너는 멀리 고향(故鄕)을 떠나서 긴 팔굽만을 슬퍼하라

  들어가라 들어가라 계량하지 못하는 조직 속

  밑푸른 심연 끝에 사건이 매달리고

  붉은 황혼(黃昏)이 다가오면 우리들의 결구(結句)도

내려지리라

*

아무런 이유도 놓여 있지 않은 공허(空虛) 속으로
어느 날 아이들이 쌓아올린 언어
휘엉휘엉한 철교에서는 달빛이 상처를 만들며 쏟아지고
때없이 달빛이 걸린 거기

나는 내 정체(正體)의 지혜(知慧)를 흔든다.

들어가라 들어가라 하체(下體)를 나부끼며
해안(海岸)의 아이들이 무심히 선 바닷속으로

　막막한 강안(江岸)을 흘러와 쌓인 사아(死兒)의 장소
(場所). 몇 겹의 죽음.
　장마철마다 떠내려온, 노래를 잃어버린 신(神)들의 항
구(港口)를 지나서.

유리를 통과한 투명한 표류물(漂流物) 앞에서 교미기
(交尾期)의 어류(魚類)들이 듣는 파도소리

익사한 아이들의 꿈

기계가 창으로 모든 노래를 유괴해간 지금은 무엇이
남아 눈을 뜰까

······하체(下體)를 나부끼며 해안(海岸)의 아이들
이 무심히 선 바다 속에서.

아침 선박(船舶)

조
태
일

1

아침 바다는 예지(叡智)에 번뜩이는 눈을 뜨고
끈기의 저쪽을 달리면서

시대에 지치지 않고 처절했던 동반(同伴)의 때에
쓰러진 시간들을 하나씩 깨워 일으키고
저 넘쳐나는 지평(地平)의 햇살을 보면
청명한 날에 잠 깨는 출항.

세수를 일찍 끝낸 여인들은
탄생을 되풀이한 오랜 진통에
땀배인 내의를 벗어 바다에 던지고

파이프에 남자(男子)들은 두고 온 연대를 열심히 피워
문다.

2

철저한 자유를 부르면서

흐느끼는 심연(深淵) 그 움직이는 고요.

가파른 정오의 한때를

이해만이 남고 오직 진행이 있을 때

당황하던 파도를

식욕을 거느린 별들이 주워들고 멀리 떠났다.

험한 해협엔 그러나

의지(意志)를 철썩이는 잔잔한 파도의 무료(無聊).

밤새워 해변을 지키던 새의 사연은 남고

순수의 깊이에서 일어서는 서적(書籍)들의 눈부신 항

변

—아직 침실에 누워 있는 자들도 한 번은 떠날 것이다.

휴식의 때가 오면 패배의 옷자락을 가다듬을 꼭 가다
듬을
쓸쓸한 시선들도
한 번은 떠날 것이다.

.

3
우리에게 주어진 한 개의 원인은
서성이는 곳에 쓰러지지 않는 거만한 거부.
타협이 없는 거리를 글쎄
걸어갈 수 있을까?

신앙은 놓이고 길을 가는 의문의 날에
찾아 온 제3의 치맛자락에 매달린 식탁.
어지러워라.
천둥이 울더라도 흔들리지 않는
확고의 식탁은 없을까?

쟁취의 이빨을 내놓기 전

낮에도 눈이 감긴 암초의 눈을 뜨게 할 순 없을까.

겨울을 빠져 나온 꽃들이 찾아가

피어날 꽃나무는 없을까.

계절이 없어 과일들은 익질 못한다.

4

획득의 눈이 내리고 있다.

학동들의 꿈길에서 얻어진

멀고 먼 나라의 가까운 은혜가 흩날리고 있다.

아침 인사를 받으면서 물러 앉은 산(山)

아침 인사를 받으면서 오후가 되더라도 피로하지 않을

하이얗게 움직이는 선박이 있다.

우리 젊은 우울한 선장에겐 무엇을 바칠까?

우리의 모국어를

우리의 손으로 만들어진 나침반을

우리의 눈에 맞는 색갈의 저 지평을 향해

펄럭일

기(旗)를 바쳐야 한다.

해부학 교실 1

마
종
기

다시 사는 환희에 들떠

넘쳐나는 개선가.

여기는, 먼 먼 시대로부터 시작하여 눈먼 몇십 대의 할
아버지 때부터 시작하여, 아직까지도 우리의 감격을 풀지
못하는 나약한 꽃밭.

여기는 또 조용한 갈림길, 우리는 깨끗이 직각으로 서
로 꺾여져 가자. 다시 돌아다볼 비굴한 미련은 팽개쳐버
리자.

갑자기 너는 무엇이 안타까워 눈물을 흘리는가? 우리

오래 부끄러워 눈길을 피하던, 영원한 향수가 젖어 있는 어머니의 젖가슴, 너는 다시 우리를 낳아준 본래 어머니의 몸으로 돌아가야 한다.

허면, 우리는 고운 매듭을 이어주는 숨소리를 음미할 때마다, 살아 있는 보람이 물결 일어 넘쳐나는 개선가를 불러준다.

여기는 먼 먼 시대로부터 시작하여 생명의 온기를 감사하는 서정의 꽃밭.

즐거운 편지

황
동
규

1

내 그대를 생각함은 항상 그대가 앉아 있는 배경에서 해가 지고 바람이 부는 일처럼 사소한 일일 것이나 언젠가 그대가 한없이 괴로움 속을 헤매일 때에 오랫동안 전해 오던 그 사소함으로 그대를 불러보리라.

2

진실로 진실로 내가 그대를 사랑하는 까닭은 내 나의 사랑을 한없이 잇닿은 그 기다림으로 바꾸어버린 데 있었다. 밤이 들면서 골짜기엔 눈이 퍼붓기 시작했다. 내 사랑도 어디쯤에선 반드시 그칠 것을 믿는다. 다만 그때 내 기다림의 자세를 생각하는 것뿐이다. 그 동안에 눈이 그

치고 꽃이 피어나고 낙엽이 떨어지고 또 눈이 퍼붓고 할

것을 믿는다.

가을의 노래

깊은 밤 풀벌레 소리와 나뿐이로다

시냇물은 흘러서 바다로 간다

어두움을 저어 시냇물처럼 저렇게 떨며

흐느끼는 풀벌레 소리······

쓸쓸한 마음을 몰고 간다

빗방울처럼 이었는 슬픔의 나라

후원(後園)을 돌아가며 잦아지게 운다

오로지 하나의 길 위

뉘가 밤을 절망(絶望)이라 하였나

말긋말긋 푸른 별들의 눈짓

풀잎에 바람

살아 있기에

밤이 오고

동이 트고

하루가 오가는 다시 가을밤

외로운 그림자는 서성거린다

찬 이슬밭엔 찬 이슬에 젖고

언덕에 오르면 언덕

허전한 수풀 그늘에 앉는다

그리고 등불을 죽이고 침실(寢室)에 누워

호젓한 꿈 태양(太陽)처럼 지닌다

허술한

허술한

풀벌레와 그림자와 가을밤.

갈대

신 경 림

언제부턴가 갈대는 속으로
조용히 울고 있었다.
그런 어느 밤이었을 것이다. 갈대는
그의 온몸이 흔들리고 있는 것을 알았다.

바람도 달빛도 아닌 것.
갈대는 저를 흔드는 것이 제 조용한 울음인 것을
까맣게 몰랐다.
—산다는 것은 속으로 이렇게
조용히 울고 있는 것이란 것을
그는 몰랐다.

2
2
0

강물에서

박
재
삼

무거운 짐을 부리듯

강물에 마음을 풀다.

오늘, 안타까이

바란 것도 아닌데

가만히 아지랭이가 솟아

아뜩하여지는가.

물오른 풀잎처럼

새삼 느끼는 보람,

꿈 같은 그 세월을

아른아른 어찌 잊으랴,

하도한 햇살이 흘러

눈이 절로 감기는데······

그날을 돌아보는
마음은 너그럽다.
반짝이는 강물이사
주름살도 아닌 것은,
눈물이 아로새기는
내 눈부신 자욱이여!

산중야(山中夜)

김구용

　열매들 고운 살이 흐무러질 때 달빛은 푸른 산 가슴에 스며, 골짜기마다 조개처럼 흩어진 희끄무레한 뼈다귀도 굶주린 짐승들의 검붉은 주둥이도 꿈이 잔조(殘照)로운데, 소슬한 빗발이 흐느끼면 썩은 씨가 움트는 기약은 어둡기도 하더니, 십오야 밝은 빛을 올올이 받아 사무칠 듯이 향기로운 샘 곁에 외로운 국화야 다시 꽃은 폈건만, 숲 사이 아롱지는 바람도 없고, 짙은 밤 온 산은 잠이 깊구나.

거리

박
인
환

나의 시간에 스코올과 같은 슬픔이 있다

붉은 지붕 밑으로 향수(鄕愁)가 광선을 따라가고

한없이 아름다운 계절이

운하(運河)의 물결에 씻겨 갔다

아무 말도 하지 말고

지나간 날의 동화(童話)를 운율에 맞춰

거리에 화액(花液)을 뿌리자

따뜻한 풀잎은 젊은 너의 탄력같이

밤을 지구(地球) 밖으로 끌고 간다

지금 그곳에는 코코아의 시장이 있고

과실처럼 기억만을 아는 너의 음향이 들린다

소년(少年)들은 뒷골목을 지나 교회에 몸을 감춘다

아세틸렌 냄새는 내가 가는 곳마다

음영(陰影)같이 따른다.

거리는 매일 맥박을 닮아 갔다

베링 해안 같은 나의 마을이

떨어지는 꽃을 그리워한다

황혼처럼 장식한 여인(女人)들은 언덕을 지나

바다로 가는 거리를 순백한 식장(式場)으로 만든다

전정(戰庭)의 수목(樹木) 같은 나의 가슴은

베고니아를 끼어안고 기류(氣流) 속을 나온다

망원경으로 보던 천만(千萬)의 미소를 회색 외투에

싸아

얼은 크리스마스의 밤길로 걸어 보내자

묘정(廟庭)의 노래

김수영

1

남묘(南廟) 문고리 굳은 쇠 문고리

기어코 바람이 열고

열사흘 달빛은

이미 과부의 청상(靑裳)이어라

날아가던 주작성(朱雀星)

깃들인 시전(矢箭)

붉은 주초(柱礎)에 꽂혀 있는

반절이 과하도다

아— 어인 일이냐

너 주작의 성화(星火)

서리 앉은 호궁(胡弓)에

피어 사위도 스럽구나

한아(寒鴉)가 와서

그날을 울너라

밤을 반이나 울더라

사람은 영영 잠귀를 잃었더라

2

백화(百花)의 의장(意匠)

만화(萬華)의 거동의

지금 고오히 잠드는 얼을 흔들며

관공(關公)의 색대(色帶)로 감도는

향로의 여인(餘烟)이 신비한데

어드매°에 담기려고

칠흑의 벽판(壁板) 위로

향연(香烟)을 찍어

백련을 무늬 놓는

이 밤 화공의 소맷자락 무거이 적셔

오늘도 우는

아아 짐승이냐 사람이냐

• 평안도 사투리로 '어디'를 뜻한다.

묘지송(墓地頌)

박두진

북망(北邙) 이래도 금잔디 기름진데, 동그란 무덤들 외롭지 않어이.

무덤속 어둠에 하이얀 촉루가 빛나리. 향기로운 주검읫 내도 풍기리.

살아서 설던 주검, 죽었으매 이내 안 서럽고, 언제 무덤 속 화안히
비춰줄 그런 태양만이 그리우리.

금잔디 사이 할미꽃도 피었고, 삐이 삐이배, 뱃종! 뱃종! 멧새들도

우는데, 봄볕 포근한 무덤에 주검들이 누웠네.

승무(僧舞)

조
지
훈

얇은 사(紗) 하이얀 고깔은

고이 접어서 나빌레라.

파르라니 깎은 머리

박사(薄紗) 고깔에 감추오고

두 볼에 흐르는 빛이

정작으로 고아서 서러워라.

빈 대(臺)에 황촉(黃燭)불이 말없이 녹는 밤에

오동잎 잎새마다 달이 지는데

소매는 길어서 하늘은 넓고

돌아설 듯 날아가며 사뿐히 접어올린 외씨보선이여.

까만 눈동자 살포시 들어

먼 하늘 한 개 별빛에 모두오고

복사꽃 고운 뺨에 아롱질 듯 두 방울이야

세사에 시달려도 번뇌는 별빛이라.

휘어져 감기우고 다시 접어 뻗는 손이

깊은 마음속 거룩한 합장인 양하고

이 밤사 귀또리도 지새는 삼경(三更)인데

얇은 사(紗) 하이얀 고깔은 고이 접어서 나빌레라.

가을어스름

박목월

사늘한 그늘 한나절

저물을 무렵에

머언산 오리목(木) 산ㅅ길로

살살살 날리는 늦가을 어스름

숱한 콩밭머리마다

가을 바람은 타고

청석(靑石) 돌담 가으로

구구구 저녁 비둘기

김장을 뽑는 날은

저녁 밥이 늦었다

가느른 가느른 들길에

머언 흰 치마자락

사라질듯 질듯 다시 뵈이고

구구구 구구구 저녁 비둘기

자화상

윤
동
주

산모퉁이를 돌아 논가 외딴 우물을 홀로 찾아가선 가
만히 들여다봅니다.

우물 속에는 달이 밝고 구름이 흐르고 하늘이 펼치고
파아란 바람이 불고 가을이 있습니다.

그리고 한 사나이가 있습니다.
어쩐지 그 사나이가 미워져 돌아갑니다.

돌아가다 생각하니 그 사나이가 가엾어집니다. 도로
가 들여다보니 사나이는 그대로 있습니다.

다시 그 사나이가 미워져 돌아갑니다.

돌아가다 생각하니 그 사나이가 그리워집니다.

　우물 속에는 달이 밝고 구름이 흐르고 하늘이 펼치고 파아란 바람이 불고 가을이 있고 추억처럼 사나이가 있습니다.

벽(壁)

서
정
주

덧없이 바래보든 벽에 지치어

불과 시계를 나란이 죽이고

어제도 내일도 오늘도 아닌

여기도 저기도 거기도 아닌

꺼져드는 어둠 속 반딧불처럼 까물거려

정지한 '나'의

'나'의 서름은 벙어리처럼······

이제 진달래꽃 벼랑 햇볕에 붉게 타오르는 봄날이 오면

벽 차고 나가 목메어 울리라! 벙어리처럼,

오— 벽아.

정주성(定州城)

백
석

산(山)턱 원두막은 뷔었나 불빛이 외롭다

헌겊심지에 아즈까리 기름의 쪼는 소리가 들리는 듯

하다

잠자리 조을든 문허진 성(城)터

반딧불이 난다 파란 혼(魂)들 같다

어데서 말 있는 듯이 크다란 산(山)새 한 마리 어두운

골짜기로 난다

헐리다 남은 성문(城門)이

한울빛같이 훤하다

날이 밝으면 또 메기수염의 늙은이가 청배를 팔러 올

것이다

패배자(敗北者)의 소원(所願)

이
용
악

실직(失職)한 '마도로스'와도 같이

힘없이 걸음을 멈췄다

—이 몸은 이성(異城)의 황혼(黃昏)을 등에 진

빨간 심장(心臟)조차 빼앗긴 나어린 패배자(?)—

천사당(天使堂)의 종소래!

한 줄기 애수(哀愁)를

테—ㅇ 빈 내 가슴에 꼭 찔러놓고

보이얀 고개(丘)를 추웁게 넘는다

—내가 미래(未來)에 넘어야 될······

나는 두 손을 합(合)쳐 쥐고

발광(發光)한 천문학자(天文學者)처럼

밤하늘을

오래— 오래 치어다본다

파—란 별들의

아름다운 코라스!

우주(宇宙)의 질서(秩序)를

모기(蚊) 소리보다도 더 가늘게 속삭인다

저— 별들만이 알어줄

내 마음!

피묻은 발자죽!

오—

이 몸도 별이 되어

내 맘의 발자죽을

하이얀 대리석(大理石)에 은(銀)끌로 조각(彫刻)하

면서

　저— 하늘 끝까지 흐르고 싶어라

　— 이 세상(世上) 누구의 눈에도 보이잖는 곳까

지······

목욕간

오
장
환

내가 수업료를 바치지 못하고 정학을 받아 귀향하였을 때 달포가 넘도록 청결을 하지 못한 내 몸을 씻어볼려고 나는 욕탕엘 갔었지

뜨거운 물 속에 왼몸을 잠그고 잠시 아른거리는 정신에 도취할 것을 그리어보며

나는 아저씨와 함께 욕탕엘 갔었지

아저씨의 말씀은 "내가 돈 주고 때 씻기는 생전 처음인 걸" 하시었네

아저씨는 오늘 할 수 없이 허리 굽은 늙은 밤나무를 베어 장작을 만들어가지고 팔러 나오신 길이었네

이 고목은 할아버지 열두살 적에 심으신 세전지물(世傳之物)이라고 언제나 "이 집은 팔어도 밤나무만은 못 팔

겠다" 하시더니 그것을 베어가지고 오셨네그려

　아저씨는 오늘 아츰에 오시어 이곳에 한 개밖에 없는 목욕탕에 이 밤나무 장작을 팔으시었지

　그리하여 이 나무로 데운 물에라도 좀 몸을 대이고 싶으셔서 할아버님의 유물의 부품이라도 좀더 가차이 하시려고 아저씨의 목적은 때 씻는 것이 아니었던 것일세

　세시쯤 해서 아저씨와 함께 나는 욕탕엘 갔었지

　그러나 문이 닫혀 있데그려

　"어째 오늘은 열지 않으시우" 내가 이렇게 물을 때에 "네 나무가 떨어져서" 이렇게 주인은 얼버무리었네

　"아니 내가 아까 두시쯤 해서 판 장작을 다 때었단 말이요?" 하고 아저씨는 의심스러이 뒷담을 쳐다보시었네

　"헤, 實は 今日が 市日で あかたらけの 田舍っぺ─が 群をなして 來ますからわえ"* 하고 뽈떡같이 생긴 주인은 구격이 맞지도 않게 피시시 웃으며 아저씨를 바라다보았네

　"가자!"

　"가지요" 거의 한때 이런 말이 숙질의 입에서 흘러나왔지

아저씨도 야학을 다니셔서 그따위 말마디는 알으시네

우리는 괘씸해서 그곳을 나왔네

그 이튿날일세 아저씨는 나보고 다시 목욕탕엘 가자고

하시었네

"못하겠읍니다 그런 더러운 모욕을 당하고……"

"음 네 말도 그럴듯하지만 그래두 가자" 하시고 강제로

나를 끌고 가셨지

• 편자 주: 에, 실은 오늘이 장날인데 때투성이 시골뜨기들이 떼를 지어 오기
때문에.

선물

하늘가에 붉은빛 말없이 퍼지고

물결이 자개처럼 반짝이는 날

저녁해 보내는 이도 없이

초라히 바다를 넘어갑니다

어슷어슷 하면서도

그림자조차 뵈이지 않는 어둠이

부르는 이 없이 찾아와선

아득한 섬을 싸고돕니다

주검같이 말없는 바다에는

지금도 물살이 웃음처럼 남실거리는 흔적이 뵈입니다

2
4
5

그 언제 해가 넘어갔는지 그도 모른 체하고—

무심히 살고 또 지내는

해—바다—섬—하고 나는 부르짖으면서

내 몸도 거기에 선물하고 싶었습니다

동백잎에 빛나는 마음

김
영
랑

내 마음의 어딘 듯 한편에 끝없는

　　강물이 흐르네

돋쳐오르는 아침 날빛이 빤질한

　　은결을 돋우네

가슴엔 듯 눈엔 듯 또 핏줄엔 듯

마음이 도른도른 숨어 있는 곳

내 마음의 어딘 듯 한편에 끝없는

　　강물이 흐르네

화가의 시

임
화

파열된 유리창 틈바구니엔

목떨어진 노동자의 피비린내가 나고

은행소 벽돌담에는 처와 자식들의

말라붙었던 껍질 춘절(春節)의 미풍으로

구렁이탈 같이 흐느적거린다.

춘절(春節)의 풍경화는 나의 '캔버스' 위에서

이렇게 화려하고 양기(陽氣)있게 되어간다

유위(有爲)한 청년 화가의 고린내나는 권태와

육취(肉臭)가 코를 찌르는 '아트리에' 속에서

인간의 낡은 피와 다 삭은 뼈를 가지고

이 천재 예술가는 풍경화를 새긴다

2
4
8

그러나 '싸로'의 품작(品作)으로는

나의 생각은 너무나 상등(上等)인 것 같다

인형과 전차표 병정 구두로 그린 그림이

암만해도 나는 화가 이상이다

춘야를 걸어가는 장신의 청년

실연한 사나이 아니면 소매치기로 출세한—

그는 별안간 돌아서 나의 이마를 후렸다

나의 화중(畵中)에 출장시킨 충실한 인형이—

그러고 그는 도망을 하였기 때문에 화판(畵板)엔 큰
구멍이 뚫어져버리었다

복수— 나는 불공대천(不共戴天)을 맹서하고 이 그림
을 그린다

이것은 나의 출세할 그림 역사의 '스토리'이다

암만해도 나는 회화에서 도망한 예술가이다

미래파—공적(功的)이고 난조미(亂調美)의 추구

그것도 아니다 결코 나의 그림은 미술이 못되니까—

하마트면 또는 1917년 10월에 일어난 병정의 행렬과
동궁(冬宮) 오후 3시와 9시 사이를 부조(浮彫)하고 있을
지도 모를 것이다

사랑할만한 '아카데믹'의 유위한 청년의 작품이—

오오 나의 그림은 분명히 나를 반역했다

그리고 새로운 나를 강요하는 것이다

뺑기 — 냄새를 피우고 팻냄새를 달랜다

그리할 것이다 나는 이후부터는 총(銃)과 마차(馬車)
로 그림을 그리리라

— 조형예술가의 침언(寢言)

카페 프랑스

정지용

옮겨다 심은 종려나무 밑에

빗두루 슨 장명등,

카페 프랑스에 가자.

이놈은 루바시카

또 한 놈은 보헤미안 넥타이

뼛적 마른 놈이 앞장을 섰다.

밤비는 뱀눈처럼 가는데

페이브먼트에 흐늘기는 불빛

카페 프랑스에 가자.

이놈의 머리는 빗두른 능금

또 한 놈의 심장은 벌레먹은 장미

제비처럼 젖은 놈이 뛰어간다.

*

"오오 패롯(鸚鵡) 서방! 굿이브닝!"

"굿이브닝!"(이 친구 어떠하시오?)

울금향(鬱金香) 아가씨는 이 밤에도

갱사(更事) 커—튼 밑에서 조시는구료!

나는 자작(子爵)의 아들도 아모것도 아니란다.

남달리 손이 희여서 슬프구나!

나는 나라도 집도 없단다

대리석 테이블에 닿는 내 뺨이 슬프구나!

오오. 이국종(異國種) 강아지야

내 발을 빨어다오.

내 발을 빨어다오.

봄은 고양이로다

이
장
희

꽃가루와 같이 부드러운 고양이의 털에

고운 봄의 향기(香氣)가 어리우도다.

금방울과 같이 호동그란 고양이의 눈에

미친 봄의 불길이 흐르도다.

고요히 다물은 고양이의 입술에

포근한 봄졸음이 떠돌아라.

날카롭게 쭉 뻗은 고양이의 수염에

푸른 봄의 생기(生氣)가 뛰놀아라.

낭인(浪人)의 봄

김소월

휘둘니산(山)을넘고,
구비진물은건너,
푸른풀붉은꼿에
길것기시름이어.

닙누른시닥나무,
철이른푸른버들,
해벌서석양(夕陽)인데
불슷는바람이어.

골작이니는연기(烟氣)
뫼틈에잠기는데,

산(山)모루도는손의

슬지는그림자여.

산(山)길가외론주막,

어이그, 쓸쓸한데,

몬져든짐쟝사의

곤한말한소래여.

지는해그림자니,

오늘은어데까지,

어둔뒤아모대나,

가다가묵을네라.

풀숩에물김쓰고,

달빗에새놀내는,

고흔봄야반(夜半)에도

내사람생각이어.

작품 출전

강성은 「12월」, 『구두를 신고 잠이 들었다』, 창비 2009

강은교 「순례자의 잠」, 『허무집』, 70년대동인회 1971(『풀잎』, 민음사 1974)

고정희 「연가(戀歌)」, 『현대시학』 1974년 1월호
（『고정희 시전집』, 또하나의문화 2011）

곽재구 「사평역(沙平驛)에서」, 『사평역에서』, 창비 1983

기형도 「안개」, 『입 속의 검은 잎』, 문학과지성사 1989

김경미 「비망록」, 『쓰다만 편지인들 다시 못 쓰랴』, 실천문학사 1989

김구용 「산중야(山中夜)」, 『뇌염』, 솔출판사 2004

김민정 「검은 나나의 꿈」, 『날으는 고슴도치 아가씨』, 열림원 2005

김상혁 「이사」, 『이 집에서 슬픔은 안 된다』, 민음사 2013

김선우 「대관령 옛길」, 『내 혀가 입 속에 갇혀 있길 거부한다면』, 창비 2000

김소연 「우리는 찬양한다」, 『극에 달하다』, 문학과지성사 1996

김소월 「낭인(浪人)의 봄」, 『김소월』, 문학세계사 1993

김수영 「묘정(廟庭)의 노래」, 『예술부락』 1946년 1월호
（『김수영 전집 1』, 민음사 1981）

김 언 「해바라기」, 『숨쉬는 무덤』, 천년의시작 2003

김영랑 「동백잎에 빛나는 마음」, 『시문학』 1930년 3월호
（『모란이 피기까지는: 김영랑 전집』, 문학세계사 1981）

김용택 「보리씨」, 『섬진강』, 창비 1985

김중일 「가문비냉장고」, 『국경꽃집』, 창비 2007

김지하 「황톳길」, 『황토』, 풀빛 1970(개정판, 솔출판사 1995)

김행숙 「뿔」, 『사춘기』, 문학과지성사 2003

김 현 「블로우잡Blow Job」, 『글로리홀』, 문학과지성사 2014

김혜순 「담배를 피우는 시체(屍體)」, 『또 다른 별에서』, 문학과지성사 1981

나해철 「영산포(榮山浦) 1」, 『무등에 올라』, 창비 1984

나희덕 「뿌리에게」, 『뿌리에게』, 창비 1991

마종기 「해부학 교실 1」, 『조용한 개선』, 부민문화사 1960
(개정판, 문학동네 1996)

문보영 「막판이 된다는 것」, 중앙일보 신춘문예(2016)

문인수 「능수버들」, 『늪이 늪에 젖듯이』, 심상사 1986

문태준 「처서(處暑)」, 『수런거리는 뒤란』, 창비 2000

박두진 「묘지송(墓地頌)」, 『청록집』, 을유문화사 1949
(『박두진 시전집 1』, 홍성사 2017)

박목월 「가을어스름」, 『청록집』, 을유문화사 1949
(『박목월 시전집』, 민음사 1984)

박상순 「빵공장으로 통하는 철도」, 『6은 나무 7은 돌고래』, 민음사 1993

박성우 「거미」, 『거미』, 창비 2002

박연준 「얼음을 주세요」, 『속눈썹이 지르는 비명』, 창비 2007

박용래 「가을의 노래」, 『현대문학』 1955년 6월호(『먼 바다』, 창비 1984)

박인환 「거리」, 『목마와 숙녀』, 근역서재 1976

박재삼 「강물에서」, 『문예』, 1953년 11월호

박 준 「모래내 그림자극」, 『당신의 이름을 지어다가 며칠은 먹었다』,
    문학동네 2012

박형준 「가구(家具)의 힘」, 『나는 이제 소멸에 대해서 이야기하련다』,
    문학과지성사 1994

백 석 「정주성(定州城)」, 『사슴』, 1936(『백석 시 전집』, 창비 1987)

서정주 「벽(壁)」, 『화사집(花蛇集)』, 남만서고 1941
    (『미당 서정주 전집 1: 시』, 은행나무 2015)

성다영 「너무 작은 숫자」, 경향신문 신춘문예(2019)

성동혁 「쌍둥이」, 『6』, 민음사 2014

송수권 「산문(山門)에 기대어」, 『산문에 기대어』, 문학사상사 1980
    (개정판, 문학의전당 2006)

신경림 「갈대」, 『농무』, 창비 1973

신대철 「강설(降雪)의 아침에서 해빙(解氷)의 저녁까지」,
    조선일보 신춘문예(1968)

신미나 「부레옥잠」, 『싱고,라고 불렀다』, 창비 2014

신석정 「선물」, 『시문학』 1931년 10월호

신영배 「마른 피」, 『기억이동장치』, 열림원 2006
         (개정판, 문학과지성사 2015)

신용목 「성내동 옷수선집 유리문 안쪽」, 『그 바람을 다 걸어야 한다』,
         문학과지성사 2004

신철규 「유빙」, 『지구만큼 슬펐다고 한다』, 문학동네 2017

심보선 「풍경」, 『슬픔이 없는 십오 초』, 문학과지성사 2008

안도현 「서울로 가는 전봉준(全琫準)」, 『그대에게 가고 싶다』, 푸른숲 1991

안미옥 「식탁에서」, 『온』, 창비 2017

안희연 「고트호브에서 온 편지」, 『너의 슬픔이 끼어들 때』, 창비 2015

오장환 「목욕간」, 『조선문학』 1933년 11월호(『오장환 전집 1』, 창비 1989)

유병록 「붉은 호수에 흰 병 하나」, 『목숨이 두근거릴 때마다』, 창비 2014

유 하 「무림(武歷) 18년에서 20년 사이」, 『무림일기』, 중앙일보사 1989
         (개정판, 문학과지성사 2012)

유희경 「티셔츠에 목을 넣을 때 생각한다」, 『오늘 아침 단어』,
         문학과지성사 2011

윤동주 「자화상」, 『한국현대대표시선 1』, 창비 1990

이근화 「고등어」,『칸트의 동물원』, 민음사 2006

이문재 「우리 살던 옛집 지붕」,『내 젖은 구두 벗어 해에게 보여줄 때』,
민음사 1988(개정판, 문학동네 2004)

이병률 「좋은 사람들」,『당신은 어딘가로 가려 한다』, 문학동네 2005

이설야 「백마라사(白馬羅紗)」,『우리는 좀더 어두워지기로 했네』, 창비 2016

이성부 「우리들의 양식(糧食)」,『우리들의 양식』, 민음사 1974

이수명 「우리는 이제 충분히」,『새로운 오독이 거리를 메웠다』, 세계사 1995

이시영 「채탄(採炭)」,『만월』, 창비 1975

이영광 「빙폭 1」,『직선 위에서 떨다』, 창비 2003

이용악 「패배자(敗北者)의 소원(所願)」,『신인문학』 1935년 3월호
(『이용악 시 전집』, 창비 1988)

이 원 「시간과 비닐 봉지」,『그들이 지구를 지배했을 때』,
문학과지성사 1996

이원하 「제주에서 혼자 살고 술은 약해요」, 한국일보 신춘문예(2018)

이은규 「추운 바람을 신으로 모신 자들의 경전」,『다정한 호칭』,
문학동네 2012

이장희 「봄은 고양이로다」,『한국현대대표시선 1』, 창비 1990

이정록 「혈거시대(穴居時代)」,『벌레의 집은 아늑하다』, 문학동네 2004

이제니 「페루」,『아마도 아프리카』, 창비 2010

이혜미 「침몰하는 저녁」,『보라의 바깥』, 창비 2011

임경섭 「김대리는 살구를 고른다」(원제: 진열장의 내력),『죄책감』,
문학동네 2014

임솔아 「옆구리를 긁다」,『괴괴한 날씨와 착한 사람들』, 문학과지성사 2017

임승유 「계속 웃어라」,『아이를 낳았지 나 갖고는 부족할까 봐』,
문학과지성사 2015

임 화 「화가의 시」,『임화문학예술전집 1: 시』, 소명출판 2009

장정일 「강정 간다」,『햄버거에 대한 명상』, 민음사 1987

정지용 「카페 프랑스」,『한국현대대표시선 1』, 창비 1990

정호승 「첨성대」,『슬픔이 기쁨에게』, 창비 1993

조연호 「길을 향하여」,『죽음에 이르는 계절』, 천년의시작 2004

조 은 「땅은 주검을 호락호락 받아주지 않는다」,『사랑의 위력으로』,
민음사 1991

조정권 「흑판(黑板)」,『비를 바라보는 일곱 가지 마음의 형태』,
문학동네 1997

조지훈 「승무(僧舞)」,『청록집』, 을유문화사 1949
(『조지훈 전집 1』, 나남출판사 1997)

조태일 「아침 선박(船舶)」,『국토』, 창비 1975

진수미 「Vaginal Flower」, 『달의 코르크 마개가 열릴 때까지』,
        문학동네 2005

진은영 「커다란 창고가 있는 집」, 『일곱 개의 단어로 된 사전』,
        문학과지성사 2003

천양희 「한계」, 『마음의 수수밭』, 창비 1994

최승자 「이 시대의 사랑」, 『이 시대의 사랑』, 문학과지성사 1981

최정진 「기울어진 아이 1」, 『동경』, 창비 2011

최하림 「빈약(貧弱)한 올페의 회상(回想)」, 『우리들을 위하여』, 창비 1976

하재연 「구름의 식탁」(원제: 25시 슈퍼마켓), 『라디오 데이즈』,
        문학과지성사 2006

함민복 「성선설」, 『우울씨의 1일』, 세계사 1998

허수경 「땡볕」, 『슬픔만한 거름이 어디 있으랴』, 실천문학사 1988

허 연   「권진규의 장례식」, 『불온한 검은 피』, 세계사 1995
        (개정판, 민음사 2014)

황동규 「즐거운 편지」, 『삼남에 내리는 눈』, 민음사 1975

황인숙 「나는 고양이로 태어나리라」, 『새는 하늘을 자유롭게 풀어 놓고』,
        문학과지성사 1988

황인찬 「단 하나의 백자가 있는 방」, 『구관조 씻기기』, 민음사 2012

황지우 「연혁(沿革)」, 『새들도 세상을 뜨는구나』, 문학과지성사 1983

시인의 시작 — 한국시 100년, 100인의 등단작

초판 1쇄 발행 2019년 12월 31일 | 초판 2쇄 발행 2020년 4월 16일

엮은이	펴낸곳
시요일	(주)미디어창비
펴낸이	등록
강일우	2009년 5월 14일
본부장	주소
윤동희	04004 서울 마포구 월드컵로12길 7
편집	전화
김수현	02-6949-0966
디자인	팩시밀리
이재희	0505-995-4000
	홈페이지
	books.mediachangbi.com
	thechaek.com
ISBN	전자우편
979-11-89280-78-9 03810	mcb@changbi.com